「문학과지성」시인선 126

地上에서
부르고
싶은 노래

李起哲 詩集

문학과지성사에서 펴낸 이기철의 시집

전쟁과 평화(1985)
유리의 나날(1998)

문학과지성 시인선 126
지상에서 부르고 싶은 노래

초판 1쇄 발행 1993년 5월 15일
초판 6쇄 발행 2010년 7월 21일

지 은 이 이기철
펴 낸 이 홍정선 김수영
펴 낸 곳 ㈜문학과지성사

등록번호 제10-918호(1993. 12. 16)
주   소 121-840 서울 마포구 서교동 395-2
전   화 02)338-7224
팩   스 02)323-4180(편집)   02)338-7221(영업)
전자우편 moonji@moonji.com
홈페이지 www.moonji.com

ⓒ 이기철, 1993. Printed in Seoul, Korea

ISBN 89-320-0628-8

* 이 책의 판권은 지은이와 ㈜문학과지성사에 있습니다.
  양측의 서면 동의 없는 무단 전재 및 복제를 금합니다.

문학과지성 시인선 126
지상에서 부르고 싶은 노래

이기철

1994

自 序

 돌아온 蕩者처럼 다시 서정시로의 귀환이다. 나는 그 동안 집을 떠나 문밖에서 방황하였다. 얼마나 더딘 집 찾기인가! 이제 나는 마음놓고 그리운 것을 그립다고 노래하리라. 근심 걱정도 옷 갈아입히고 빗질해주리라. 내 목청, 내 영혼 다하는 날까지.

1993년 4월
이 기 철

地上에서 부르고 싶은 노래

차 례

▨ 自 序

산에서 배우다/11
정신의 열대/12
먹라의 길 1/14
먹라의 길 2/16
장미를 손에 쥔 잠씨처럼/18
봄 밤/20
한라 입산/22
나무들의 양식/24
불행도 더러 이웃이 되어/26
地上의 길/28
이화령쯤에서/30
시 인/32
먹라의 길 3/34
내 안의 먹라/36
下行線/38
新 川/40
물 긷는 사람/42
아름다운 사람/44
세상은 이름으로 가득하고/46
정월, 매화산/48

경산 십년/50
天　山/52
자작나무는 흰 새를 부른다/54
가을 노래/56
베옷 입고 고향을 찾다/57
잎새 *海岸*/58
나무의 옷/60
아이처럼 노래하라/62
감포 가는 길/64
비애는 썩지 않고 햇빛이 된다/66
나그네새/68
地上에서 부르고 싶은 노래 1/70
地上에서 부르고 싶은 노래 2/72
地上에서 부르고 싶은 노래 3/73
地上에서 부르고 싶은 노래 4/74
地上에서 부르고 싶은 노래 5/76
새들은 펄럭이는 날개를 갖고 있다/78
길의 노래/80
앉은뱅이꽃/82
미술대학/84
나는 두려워하지 않겠네/86
감　옥/88
봄　날/89
비누 가게/90
햇볕이 되었거나 노을이 되었거나/92
산길 물길/93

땅 위의 날들/94
땅 위의 이름을 사랑하네/96
南 江/98
病/100
愛知縣 지나며/102
同志社의 저녁빛/104
재를 넘으며/106
봄 산/107
마흔 살의 동화/108
우리는 꿈꾸는 자/110
세상 속으로/111

▨ 해설·천복의 길·반경환/112

산에서 배우다
──10월 일기

어제는 온돌에서 자고 오늘은 寒氣의 산을 오르다
잎새들이 비워놓은 길이 너무 넓어
내 몸이 더욱 작아진다
내 신발 소리에도 자주 놀라는 산길에선
내 마음의 주인이 이미 내가 아니다

10월의 포만한 얼굴에서 나는 연민을 읽지 않는다

누가 다 떼어갔는지 산의 이불인 초록이 없다
慈藏이면 이곳에 지팡이를 꽂고
대웅전 주춧돌을 놓았으리라
그러나 범연한 눈으로는
햇볕 아래 서까래를 걸 데가 없다

경전의 글자가 흐려서 책장을 덮는 밤에는
스스로 예지를 밝히는 저녁별이 스승이다
겨울을 예감한 나뭇잎들이 나보다 먼저
뿌리 쪽으로 떨어져내린다
나는 돌을 차며 비로소 산의 無言을
채찍으로 배운다

정신의 열대

내 정신의 열대, 먹라를 건너가면
거기 슬플 것 다 슬퍼해본 사람들이
고통을 씻어 햇볕에 널어두고
쌀 씻어 밥짓는 마을 있으리
더러 초록을 입에 넣으며 초록만큼 푸르러지는
사람들 살고 있으리
그들이 봄 강물처럼 싱싱하게 묻는 안부 내 들을 수 있으리

오늘 아침 배춧잎처럼 빛나던 靑衣를 물고
날아간 새들이여
네가 부리로 물고 가 짓는 삭정이집 아니라도
사람이 사는 집들
南으로만 흘러내리는 추녀들이
지붕 끝에 놀을 받아 따뜻하고
오래 아픈 사람들이 병을 이기고 일어나는
아이 울음처럼 신선한 뜨락 있으리

저녁의 고전적인 옷을 벗기고
처녀의 발등 같은 흰 물결 위에

살아서 깊어지는 노래 한 구절 보탤 수 있으리
오래 고통을 잠재우던 이불 소리와
아플 것 다 아파본 사람들의 마음 불러모아
고로쇠숲에서 우는 청호반새의 노래를
인간이 가진 가장 아름다운 말로 번역할 수 있으리

내 정신의 열대, 먹라를 건너가면

멱라의 길 1

걸어가면 지상의 어디에 멱라*가 흐르고 있을 것인데
나는 갈 수 없네, 산 첩첩 물 중중
사람이 수자리 보고 짐승의 눈빛 번개쳐
갈 수 없네
구강 장강 물 굽이치나 아직 언덕 무너뜨리지 않고
낙타를 탄 상인들은 욕망만큼 수심도 깊어
이 물가에 사금파리 같은 꿈을 묻었다
어디서 離騷** 한 가닥 바람에 불려오면
내 지상에서 얻은 病 모두 쓸어 저 강물에 띄우겠네

발목이 시도록 걸어가는 나날은
차라리 삶의 보석을 갈무리한다고
상강으로 드는 물들이 뒤를 돌아보며 주절대지만
문득 신발에 묻은 흙을 보며 멱라의 길이 꿈 밖에 있음을 깨닫고
혼자 피었다 지는 꽃 한 송이에 눈 닿는 것도
이승의 인연이라 생각한다

일생이 아름다워서 아름다운 사람은 없다
　일생이 *勞役*과 상처 아문 자리로 얼룩져 있어도
　상처를 길들이는 마음 고와서 아름다운 사람은 있다
　때로 삶은 우리의 걸음을 비뚤어지게 하고
　毒 묻은 역설을 아름답게 하지만
　멱라 흐르는 물빛이 죽음마저도 되돌려주지는 못한다
　아무도 걸어온 제 발자국 헤아린 자 없어도
　발자국 뒤에 남은 혈흔 쌓여
　한 해가 되고 일생이 된다

* 멱라: 중국 호남성에 있는 강. 중국 서정시의 효시인 『楚辭』를 시작한 전국 시대 초나라의 굴원이 주위의 참소로 분함을 못 이겨 빠져 죽은 강으로 유명함. 여기서는 내 정신의 강으로 은유됨.
** 離騷: 시름을 만난다는 뜻으로 굴원이 멱라에 빠져 죽을 결심을 하기까지의 시름을 적은 장시.

멱라의 길 2

 멱라의 길을 찾아 헤맨 삼백의 밤이 나의 채찍이 된다
 멱라는 삼천 년 전 楚에 있지 않고
 돌팔매도 닿지 않는 내 마음 허공에 강물로 남아 있다
 걸어도 걸어도 먼지 쌓인 길
 금강 지나면 낙동강 상류
 남쪽으로 처마 기울인 우리나라 집들
 상수리잎이 빼앗아간 아침 햇살을
 푸른 들길이 내게 돌려주지 않는다

 어느 별에서 떨어져나온 운석이 千山 너머
 내 지친 몸의 침실을 마련하지 않아
 自轉의 낮과 밤이 상추잎 같은 소년을 늙게 한다
 아이의 얼굴을 한 초록이 이슬 속에 내 얼굴을
 담아두는 오전은 아름답다

 내 구두와 모직 옷들은 못과 나사로 조립한 도시처럼 낡고 헐어
 머리카락 하나 바람에 불려 날아간 영원의 끝으로

내 몸을 옮겨놓지 못한다
수저로 퍼올리는 슬픔이 생의 완성을 위해 길어올리는 糧食이라면
나는 천년 흘러도 마르지 않는 멱라의 물을 길어
생애의 독에 붓겠다

이 지상에 무한한 서쪽은 없어 급히 달리던 산맥은 바다에서 멎고
마음의 편서풍은 멱라를 데리고
저 혼자 지구의 끝을 가고 있다
마음의 멱라여, 나는 아직 얼마나 더 아파야
영원의 끝을 만질 수 있나

장미를 손에 쥔 잠씨처럼

장미를 손에 쥔 잠씨처럼
나는 이 세상 티끌 하나를 사랑하고 싶네

아직 내 곁에 숨죽이고 있는 작은 것들
신발과 셔츠와 흙 묻은 바지를 노래하고 싶네

꿈이 실밥처럼 뜯겨나간 내 낡은 양복저고리에
아직도 상하지 않은 장미 향기 날아와 앉는 일은
행복한 일이네

길과 건물의 상상력은 나를 황폐하게 하지만
새와 꽃과 강물의 상상력은 나를 황홀하게 하네

모든 굉음은 들판의 송아지 울음만 못하네
모든 폭력은 식탁의 다리를 잇는 나사만 못하네

얼음의 사유를 나는 원하지 않네
그것은 언제나 나를 겨울의 들판으로 내몰 뿐

오래 된 만년필은 아직 잉크가 잘 나오고

내 깊은 고뇌까지도 빗어내려주는 빗은
아직 이빨이 부러지지 않고 있네

어두운 저녁에서 새빛의 아침까지
옷걸이에 걸려 내가 그를 입어주기를 기다리는 바지

신장에서 내 두 발로 제 주둥이를 힘껏 틀어막아도
불평하지 않는 구두를

문을 열 때마다 삐걱거리는 장롱과 밥 주지 않으면
가지 않는 벽시계를
나는 노래하고 싶네

못 하나와 철사 한 동강이를,
장미를 손에 쥔 잠씨처럼

봄 밤

가난도 지나고 보면 즐거운 친구라고
배춧국 김 오르는 양은그릇들이 날을 부딪치며 속삭인다
쌀과 채소가 내 안에 타올라 목숨이 되는 것을
나무의 無言으로는 전할 수 없어 시로 써보는 봄밤
어느 집 눈썹 여린 처녀가 삼십 촉 전등 아래
이별이 긴 소설을 읽는가보다
땅 위에는 내가 아는 이름보다 훨씬 많은 사람들이
서까래 아래 제 이름 가꾸듯 제 아이를 다독여 잠재운다
여기에 우리는 한 生을 살려 왔다

누가 푸른 밤이면 오리나무숲에서 비둘기를 울리는지
동정 다는 아낙의 바느질 소리에 비둘기 울음이 기워지는
봄밤
잊혀지지 않은 것들은 모두 슬픈 빛깔을 띠고 있다
숟가락으로 되질해온 생이 나이테 없어
이제 제 나이 헤는 것도 형벌인 세월

낫에 잘린 봄풀이 작년의 그루터기 위에
또 푸르게 돋는다
여기에 우리는 잠시 주소를 적어두려 왔다

어느 집인들 한 오라기 근심 없는 집이 있으랴
군불 때는 연기들은 한 가정의 고통을 태우며 타오
르고
근심이 쌓여 추녀가 낮아지는 집들
여기에 우리는 한줌의 삶을 기탁하려 왔다

한라 입산

산에 들수록 모든 경사가 아름답다
살아오면서 우리는 너무 곧은길을 걸어왔구나
가다가 툭툭 끊어져 뒹구는 햇살들
손끝에 하늘이 닿아 있다.
가문비나무 향기가 코끝에 아찔하고
느릅나무 가지의 작은 흔들림이 골에 든 사람들에게
구름 아니면 바다로 가라는 방향을 일러주고 있다

산이 감추고 있는 마음을 새들이 부리로 물어내어도
새의 작은 언어를 사람이 알아듣지 못하는구나
앞선 사람들의 옷자락에는 아직
세속이 진하게 묻어 있고
돌아가면 누울 이불 자락 소리가
絶食하는 자의 배고픔만큼이나 아득하다
칼로 쳐도 시간의 매듭은 잘려지지 않고
내일 또 내일이 신발에 겹겹이 감기는구나

지금도 빌딩 속 안개처럼 떠다닐 약속들은
이제 내 것이 아니라고 할 것인가

일생을 살면서 익혀온 이름들 여기 와서
가을 열매처럼 따 담아도
아직 마음의 곳간 반이 남아 있다
돌아보아 내 피 한 점, 땀 한 방울 건네줄 사람 있다면
나는 이 길을 걸어 무한의 끝을 향해 가고 싶다
나이 먹은 햇살들은 내일도 신생의 녹나물 잎새와
푸른 오전을 즐거워할 것이다

나무들의 양식

누가 자꾸만 저녁 강물을 퍼다가
제 솥에 붓는다
벼들이 먹고 남은 물을 사람이 먹기 위함이다

그렇게 촘촘히 올을 짜던 날빛들도
한 계절 무성히 피우고 난 잎잎들을 놓치고 나면
눈썹 끝에 매달리는 마을 뜨락에는
이제 오래지 않아 빨래 몇 설기 말리는 데도 모자랄 햇볕의
손시린 겨울이 온다

너무 쉽게 우리는 불붙는 여름의 合成酒를 마셔버렸다
겨울 울금나무 아래서는 차라리
빛나는 광맥을 묻어두고도 침묵하는 산을 배우리라

지혜 앞에서 우리는 늘 서투르고
해 종일 지는 잎새의 수를 헤아리기 어려운 때
순가락의 무게에도 팔이 아픈 한끼 식사가
오늘은 형벌이 된다

우리가 겨울 나무에게 배울 것은 무욕과 小食이다

가난이 부끄럼은 아니라 해도
햇빛이 양식인 나무들은 넉넉하겠다

불행도 더러 이웃이 되어

나는 불행을 감금시킬 빗장이 없다
불행은 오래 산 내 몸을 만나면
여름 벌레처럼 날개치며 잉잉댄다

배춧잎과 쌀의 혼숙인 나의 살
이불을 덮어주어도 추위 타는 정신의 임자몸인
내 육신 속으로
가끔은 발을 구르며 지나가는 불행이 보인다

윤기나는 저녁의 나무들을 거쳐
검은 밤 속으로 흰 살을 빛내며 걸어가는
아직 처녀인 추억이여

이제 다 왔다, 그곳에 너의 닳은 신발을 묻어라
떠도는 빗방울에도 생애의 반쪽이 젖어
이 추위 다 가릴 수 있는 이불이 없다

노동과 치욕을 비벼 먹은 밥들이
살이 되는 나날을 뒤로하고
내가 걸어가야 하는 뭍은 어디인가

한 볏단도 땀 없이는 거둘 수 없음을
가을은 물든 잎을 보내 나에게 가르친다
누가 경전에서 깨우치겠는가
쟁반에 담기는 밥상 위의 김치가
삶을 가르치는 책장인 것을

地上의 길

　얼마를 더 살면 여름을 떼어다가 가을에 붙여도
　아프지 않은 흰구름 같은 무심을 배우랴
　내 잠시 눈빛 주면 웃는 꽃들과
　잠 깨어 이마 빛내는 돌들 곁에서
　지금은 햇빛이 댕기보다 곱던 꽃들을 데리고 어둠
속으로 돌아가는 시간
　絶緣의 아름다움을 나는 여기서 본다

　짐을 내려놓아라, 이제 물의 몸이 잠시 쉬어야 한다
　나를 따라오느라 발이여 너 고생했다
　내일 나는 너에게 새 구두를 사주지 않으리
　너는 내 육신의 명령을 거역한 일 없으므로

　그러나 나는 가야 한다, 한 번의 가을도 거짓으로
꽃피운 일 없는 들을 지나
　작은 물줄기가 흐름을 시작하는 산을 지나
　아직도 정신의 열대인 내 가혹한 시간 속으로
　나는 가야 한다

　내 발 닿은 길 지상의 한 뼘밖에 안 돼

배추벌레 기어간 葉脈에 불과해도
내 불러야 할 즈믄 개의 이름들과 목숨들을 위해
藥든 가슴으로 가야 한다

얼마를 더 가면 제 잎을 잘라 가슴에 꽂아도
소리하지 않는 풀들의 무심을 배우랴

이화령쯤에서

황혼의 집들은 조금씩 신의 모습을 닮아 있다
산 아래 산이 눕고 길 아래 길이 누워
살아 있는 것들은 나무도 짐승도 조금씩
신의 모습을 닮아 있다

문경새재는 밤에도 키가 크고
서로 부대끼면서도 아파하지 않는 상수리들만
푸름을 놓쳐버린 잎들을 벌려
남쪽 마을을 향해 펄럭인다

이우출 시조비 제막식에
뇌졸증으로 오지 못한 신동집의 시 한 구절은
우리의 시월을 쓸쓸하게 했다
그날 모인 사람들은 아무도 수안보 길을 묻지 않고
병든 시인의 안부를 물었다

누가 나에게 신의 모습을 그리라 한다면
나는 산짐승들의 유순한 눈에 비친
저녁놀을 그리겠다

저녁의 빛깔이 하늘을 데우는 온기로 떠돌 때
숲은 햇빛을 제 몸 속으로 흡수하고
새소리를 몸 밖으로 뱉아낸다
사람보다 나무들이 먼저 겨울을 예감하기 때문이다

이름 모르는 마을의 집들이 짐승처럼 엎드려 있는
이화령쯤에서
아무도 제 슬픔의 빛깔을 채색하지 못할 때
주황색의 깃발을 들어 나는
지상의 추위 타는 것들을 데워주고 싶다

시 인

내 마음의 遷都는 끝났다
膏肓에 든 병 더욱 깊어가도
빛이 끌고 오는 아침은 즐거움의 찻숟갈을 잦게 한다
오래 걸어온 걸식의 마흔 살이
투덜대는 내 발의 욕망을 덮어주지는 못하지만
마흔이 넘어서도 버리지 못한 시를 쓰는 삶이
이제는 부끄럽지 않다, 오히려 떳떳하다

시인이라 불릴 때마다 아직 열여섯 소년처럼 낯붉히지만
내 마음의 천도는 끝났다
시가 영광인 시대가 아니라도
번쩍이는 金의 광휘가 시의 가난을 대신할 수 없다

어둠은 어두워질수록 제 살을 피워무는
불빛을 밝게 한다
생각하면 나는 너무 멀리 걸어왔구나
내 걸어온 길들이 모두 나를 떼밀고
내 바깥으로 사라졌구나

그러나 상추잎처럼 푸르던 날들과
葉綠을 물고 날아간 새들은 내 기억의 장롱 속에서
노래한다
마음의 어디에도 멱라가 있고
꿈의 어디에도 九江이 흐른다고
돌들도 시간 속에서 수정을 품는다고

오늘밤엔 저 들판의 풀잎들에
아직 아무도 불러보지 않은
아름다운 이름 하나 붙여주고 싶다

멱라의 길 3

멱라의 가슴 깊숙이 고뇌의 씨앗을 심어
그 열매가 익는 날의 日光의 보석을 바라보겠네
내 발자국 울리며 어디쯤 들면
산은 제 깊은 곳 寂滅寶宮을 열어 보일까
그 보궁 안 깊은 침묵들이 갈꽃 피는 소리마저 숨겨두었다가
산에 드는 자의 옷자락에 리본처럼 걸어줄까

흐르는 물이여, 흘러가는 것만이 너의 일생이라 해도
너의 곁에서 열매 맺고 너의 곁에서 수태하는
산 것들의 한 꾸러미 삶을 외면해서는 안 된다
바람은 눈보라를 몰고 와 펄럭이는 나날의 책장을 넘기지만
천 길 깊이 고인 마음의 우물물을
두레박으로 길어올리지 못한다

내 베개 가에 수놓은 희망의 닻줄
끝없이 자아올린 염원의 물레실은
길게 부는 삭풍 속에서도 삭지 않았다
아침에 닦던 초록의 유리창 너머로

종이 위에 습관처럼 쓰던 열망의 낱말들,
아직 푸른 나무와 풀꽃의 이름이라도 욀 수 있다면
나는 마음의 온돌에 불을 지펴 그 사랑 한 가닥을
이불 속에 묻겠네
가시 돋힌 냉혹들이 마침내 멱라를 건너와
내 마음속의 온대에 누울 때까지

내 안의 멱라

달려온 민둥산들은 급기야 제 허리를 꺾어
들판 하나를 만들어놓고 강물과 만난다
아무도 들과 강이 만나 어둠 속에서 무엇을 건네주고
무엇을 약속하는지 아는 사람 없다
언제나 제 뿌리를 어두운 곳에 두어야만
환한 꽃 한 송이 밀어올릴 수 있는 들꽃의 생애
그 꽃의 경건한 한 살이 앞에서
욕망을 끓이며 살아온 생애를 나는 부끄러워 낯붉힌다

아무도 부르지 않는데 가을이 오고 있다
당근과 무들은 설탕을 몸에 지니고
꿀벌은 제 먹기에는 너무 많은 꿀을 모았다
나뭇잎이야 얼마나 정연하게 가을 속으로 편입되는가

볕살 하나에 쉽게 회복되던 들판은
또 오래 어둠을 맞을 준비를 한다
이때 대지의 말을 알아듣지 못하는 것은 나뿐이다

나뭇가지에 지은 풀벌레 집이란 얼마나 견고하고
따뜻한가

하늘에 뜨면 한낱 부호일 뿐인 몇 마리 떼까치들이
삭정이 같은 날개를 펴고 들 가운데로 날아간다
구름에 비기면 너무 작아 잘 보이지도 않는 떼까치
들
그 울음이 갈대 속에 파묻혀 들판의 피리 된다

元曉와 一然도 이 들판 지나며 나와 같은 생각으로
차운 돌 위에 앉았을까
내 잠시 후면 떠나고 없을
죽은 잠자리 날개와 굴뚝새가 주인인
금호강 하류, 마음의 먁라

下行線

　삶의 노래는 작게 불러야 크게 들립니다
　상춧단 씻는 물이 맑아서 새들은 놀을 물고 둥지로 돌아오고
　나생이 잎이 돋아 두엄밭이 향기롭습니다

　지은 죄도 씻고 씻으면 아카시아꽃처럼 희게 빛납니다
　먹은 쌀과 쑥갓잎도 제 하나 목숨일 때
　열매를 먹고 뿌리를 자르는 일 죄 아니겠습니까

　기차도 서지 않는 간이역 지나며
　오늘도 죄 한 겹 벗어 창밖으로 던집니다

　몸 하나가 땅이고 하늘인 사람들은
　땀방울이 집이고 밥이지만 삶은 천장이 너무 높아
　그들은 삶을 큰 소리로 말하지 않습니다

　이제 기운 자리가 너무 커서 더 기울 수도 없는 삶을
　쉰 살이라 이름 부르며 온돌 위에 눕힙니다

급히 지난 마을과 능선들은
기억 속에서는 불빛이고 잊혀지면 이슬입니다

新 川
──아잘리아 시편

흘러간 물은 다시 돌아오지 않는다
제 신명에 취해서 소리내며 흐르는 물은
제 속에 발목 담근 아이들의 흰 발을 기억하지 않는다
여기에 연탄재를 던지고 헌 신발을 버린
어제 신부였던 아낙들의, 오늘은 머리 센 삶을
흐르는 물은 기억하지 않는다

살을 섞으며 흘러간 물은 낙동강에 닿았겠지만
가슴이 미농지 같은 스무 살들이
물가에서 맺은 약속 강물은 기억하지 않는다

그들이 불빛 아래 앉아
몇 토막의 사랑 이야기와 몇 동강이의 이별 이야기를 하고 있을 때
방죽에는 미나리아재비 꽃잎이 지고 한 해의 가을이 가고
십 년 전에 받은 편지 구절 같은 별이 머리 위에 떠오른다

강 건너에 불 올린 귓밥이 흰 사람아
빗살무늬의 너의 창문에 아직 황혼이 어둡지 않다
밥솥에 물 끓는 소리 악기 소리처럼 들리는 너의
처마 밑으로
명주실 같은 너의 기다림 신고
오늘밤 新川은 또 몇십 리를 흐를 것인가

물 긷는 사람

새벽에 물 긷는 사람은
오늘 하루 빛나는 삶을 예비하는 사람이다

내를 건너는 바람 소리 포플러 잎에 시릴 때
아미까지 내려온 머리카락 손으로 걷어올리며
새벽에 물 긷는 사람은
땅의 더운피를 길어 제 삶의 정수리에
퍼붓는 사람이다

풀잎들의 귀가 아직 우뢰를 예감하지 못할 때
산의 더운 혈맥에서 솟아나는
새벽의 물 긷는 사람은
흰 살이 눈부신 아침 쟁반에 제 하루를 담아
저녁의 편안을 마련하는 사람이다

나무들도 아직 이른 잠에서 깨어나지 못한
이른 새벽에
옷섶이 터질 듯 부푼 가슴을 여미며
새벽에 물 긷는 사람은
목화송이 같은 아이들과 들판 같은 남편의

하루를 예비하는 사람이다

물 긷는 사람이여, 그대 영혼의 물을 길어
마른 나뭇잎처럼 만지면 부서질 것 같은
나의 가슴에 부어다오
나는 소낙비를 맞고 가시 끝에 꽃을 다는 아카시아처럼
그대 영혼의 물을 받고 피어나는
한 송이 꽃이 되련다

아름다운 사람

이 세상 아름다운 사람은 모두
제 몸 속에 아름다운 하나씩의 아이를 갖는다
사과나무가 햇볕 아래서 마침내
달고 시원한 사과를 달 듯이
이 세상 아름다운 사람은 모두
제 몸 속에 저를 닮은 하나씩의 아이를 갖는다

그들이 가꾸어온 장롱 속의 향기들이
몰래 장롱 속을 빠져나와
잠든 그들의 머리카락과 목덜미와
목화송이 같은 아랫배로 스며들어
이 세상 아름다운 사람은
이 세상의 크기에 알맞는 하나씩의 아이를 갖는다

그들이 가꾸고 싶은 세상은
아침 숲처럼 신선한 기운으로 충만하다

그가 담그는 술은 길이 향기롭고
그의 치마는 햇볕 아래 서면
호랑나비가 되어 하늘로 날아간다

그의 어깨는 좁아도 그의 등뒤에는 언제나
한 남자가 누울 휴식의 그늘이 드리워져 있다

아름다운 사람은 제 몸 속의 샘물로
한 남자를 적시고
세상의 목마른 아이들을 적신다

세상은 이름으로 가득하고

길과 강과 마을은 모두 제게 알맞는 이름을 가지고 있다
세상은 이름들로 가득하고 이름은 정처없는 것들의 거처를 완성한다
우리가 한번 불러 비로소 집이 되는 풀잎과 나무들
누가 산과 냇물에 리본 같은 이름을 붙였을까

우리의 지혜란 짜장 이 세상에 있는 풀꽃 이름 하나 더 외는 일에 불과하다
어떤 어둠 속이라도 빛은 제 크기만한 밝음을 심어두고 떠나지만
깨달은 자 산 위에서 남긴 垂訓이 풀섶에 우는 벌레 울음에 지나지 않음을
나무들의 이름이 어둠 속에 묻히는 저무는 길을 가면 알 수 있다

오래 끌고 다녀 누더기가 된 몸 곁에 우리가 부르는 이름은 아직 초록 잎새처럼 가쁘고 설레는 것이 되어

어둠 저쪽으로 가는 햇볕을 잡아당긴다
 우리의 깨달음이란 기껏 우리와 함께하는 산 것들의 이름 한번 부르는 일에 불과하다
 댕기꽃과 구름할미새와 배추흰나비와 말벌을

정월, 매화산

 눈 이불로 제 寒氣 다스리는 것은 소나무 아니면 비웃나무밖에 더 있겠는가
 바위 끝에 앉아 발등에 주둥이 비비는 알락새들은
 봄 소식이 궁금해서 자주 햇빛 쪽으로 눈을 돌린다
 댕댕이 넝쿨 우거진 곳에 어젯밤 너구리들이 잠을 잤으리라

 시든 뫼꽃은 손으로 쓰다듬는 것보다 눈으로 어루이는 것이 더 정겨웁다
 솔잎이 크게 흔들려 구름을 빗질하는 매화산 기슭에서
 이 산의 내력을 물어보아도 봉지 오므린 느삼풀은 대답하지 않는다
 등뒤를 나는 산새야, 너처럼 바람길을 몰라
 오르다 발 다친 나를 겁내지 말아라

 석 달 가뭄으로야 소리내며 흐르는 이 여울물이 마르겠느냐
 훠어이 훠어이 손 흔들지 않아도 병아리꽃 묻어둔 산은

가슴 빈 사람들을 위해 길 열어놓고 기다린다
정월 추위야 우리에게 얼마나 낯익은 친구인가

청량동 동으로 7킬로, 볼펜이 얼어 잊기 전에 써두려는
里程이 기록되지 않는다
지혜롭기는 사람이 으뜸이라지만
바위가 지혜롭다는 말을 난생 처음으로 여기 와서 해본다
북으로는 한번 고함으로 지구를 쪼개고 말 伽倻峻嶺이
천년 침묵으로 누워 있다

경산 십년

물이 안고 떠난 것을 바람이 안고 돌아온다
내가 고통에서 즐거움으로 돌아오는 동안
풀벌레들은 풀섶에서 한 살이를 끝내고
나무들은 제 푸름을 땅으로 내려놓는다

산은 지혜 없이도 꽃을 피우고 물은 마음 없이도
고기를 키운다
너무 큰 소리는 귀에 들리지 않듯이
너무 큰 지혜는 무지와 통한다

숟가락을 쥐기에 알맞게 길든 손과
한 몸 무게를 지탱하기에 알맞게 길든 발을 이끌고
나는 오늘도 한 개의 내와 두 굽이의 산을 넘었다

후박나무 잎새가 떨어지는 곳, 경산
거기에 깊고 붙인 내 삶은 응고되어
어제 칠판 앞에서 버린 말과 오늘 넘긴 책장 소리가
한 그릇 밥이 되어 돌아오는 과정을 이제는 고통 없이 바라본다

일생의 *勞役*을 수저로 재는 사람이여
사유의 빛깔은 얼음빛이라서
작은 온기로는 데워지지 않는다

벽에 갇혀 보낸 십년, 나를 떠난 세월을 불러
찻숟갈로 세월을 저으면
거기, 나에게만 혹독하던 시간이 반짝이며 돌아올까
호명하지 않아도 돋는 별처럼

天 山

　어제는 천산에서 자고 오늘은 흑해를 향해 떠난다
　내 몸 새처럼 가볍지 않아 齒車에 몸 싣지 않으면 지척도 천리다
　수인사 없이도 낯익은 것은 자작나무 유도화나무 여름 잎새다
　푸른 가지에 숨어 우는 부리 연한 지빡새의 울음을 들으며
　슬라브말에 귀 어두운 내게 인간의 말보다 새울음이 낯익음을 가슴으로 깨닫는다
　네바강은 천년 습성 고치지 않고 北洋으로 흘러가지만
　저 검은 물 속에 잠든 돌들은 언제 떠올라 햇볕 아래 반짝이는 꽃이 되는가
　마음은 아직도 景物 景物 하면서 이역의 가시 철길을 달려가지만
　부르튼 발 아픈 몸은 어느 침상 위 더운 모포를 그러워한다
　처음 불러봐도 낯설지 않은 부들꽃을 달고 선 산맥들이여
　네 아픈 발이 바다로 뻗다가 길 잃을 때

반디의 흐린 불빛 모아 나는 네 가슴에 달아주련다
백야 걷히고 발틱에 흰 눈 내릴 때
얼어붙은 툰드라의 순록을 위해
내 온대에서 딴 꿀벌의 날개 소리 모아 네 목에 걸어주련다
내 떠나고 네 혼자 세계의 지붕으로 돌아누울 때

자작나무는 흰 새를 부른다

내가 페테르부르크를 떠날 때
자작나무들은 나를 따라오는 길들과 흰 새들을
불러들였다
나는 손수건 한 장에 슬라브의 하늘과 뭉게구름을 쌌지만
뭉게구름과 푸른 하늘은 내 가슴팍을 뚫고
슬라브 땅에 남는다

여름은 모두 조금씩 바쁘고
여름밤은 풀잎도 유도화나무도 조금씩 고단하다
어서 가야 한다고 시계는 서두르고
어느 旅舍에서도 나는 來日을 맡기지 못한다

내 이름 불러보지 못한 산과 나무들이 세상에는 아직도 많다
내 지금 부르면 비로소 제 이름될 새들 꽃들이
세상에는 아직도 많다
그러나 그 풀잎들 건초가 되어도 나는
알타이말로 그것의 이름 지어주지 못한다

인간의 길 위에는 따뜻함만이 기다리지 않는다
 가도가도 처음 길, 나는 잠시 앉은뱅이꽃 이름을 잊는다
 서툰 걸음이 발자국 하나도 남기지 못하는 길 위에 나를 따라오는 흰 새들이 보이지 않는다

 자작나무는 내게서 흰 새들을 빼앗아간다

가을 노래

가을엔 상한 열매라도 코에 대면 향기롭다
이 맑은 햇살 아래 人工의 보석 한 알 내어놓은들
누가 그것을 익은 열매보다 귀하다 하랴
어떤 상인도 들판 가득한 열매들을 私載할 수 없고
어떤 농부도 씨앗 보듬은 열매들을 제 것이라 하지 못한다
 들판아, 더 큰 사랑아, 이제 네 짐이 무겁거든
 저 드난살이에 못이 박힌 사람들에게 나누어주라
 생애에 집을 갖지 못한 사람들은
 들판의 이름으로 오늘 주소를 쓰고
 남의 평안을 묻지 못한 사람들은
 물의 이름으로 오늘 안부를 띄운다
 하루도 공으로 지나갈 수 없는 땀방울의 나날들
 두엄 세상을 걸어온 발은 이제 그만 가자고 외치지만
 수수 이삭 이고 누운 들판이 내 발의 나태를 받아주지 않는다
 열매가 썩어 마침내 밭의 살이 되는 가을날
 명주실 같은 이 빛살 아래서는
 쫓기는 사람들도 잠시 손잡으면 따뜻하리라

베옷 입고 고향을 찾다

삽화 조각 같은 마을에도 봄은 오고
나뭇가지가 그려놓은 하늘의 그림 사이로
내 안부 묻지 않는 구름장이 바삐 지나간다

누가 손가락을 찔렸는지 선지꽃이 핏방울처럼 피어 있고
잠 깬 초록들이 서둘러 오전을 빨아먹는다

어떤 언어로도 번역할 수 없는 밤나무숲 새소리
하늘에 닿기에는 가망 없는 연기들이 굴뚝을 버린다

닭과 돼지의 갇힌 생애 위로 수북이 져내리는 꽃잎
상실은 저렇게도 제 몸을 아끼지 않는 것인가

햇빛에 가슴 다친 사람들은 쑥국 한 그릇으로도 마음 다스릴 수 있는 사람들이다
저 냉이 뿌리 같은 無心, 베옷 입고 고향을 찾다

잎새 海岸

  죽음 저쪽까지도 예감하는 것은 낙엽뿐이다
  죽음은 어둠이거나 추위라고 떨며 노래하는 것은 낙엽뿐이다
  짚으로 덮은 이엉 아래 털이 따뜻한 짐승들이 모여 살고
  어렵사리 개간한 마음 평원에 꽃 한 포기 심어놓고 사람이 잠든다
  여름내 공중에 매달려 책장 넘기는 소리로 요란하던 나뭇잎들은
  땅에 떨어져 너구리의 발을 덮는 이불이 되고
  시월은 이제 희망이라고 쓰기에는 너무 노둔하다

  혼자 이 세상을 떠나고 싶은 듯 山峽 바깥으로 떨어진 나뭇잎을 주워모아 불 태우면
  잎새들은 제 가진 온기 한 점 불씨로 남겨두고 사그라지는 재가 된다
  언제나 한 번밖에 없는 일생을 아름답게 물들이는 나뭇잎
  거기에 내 한 해를 얹기에는 옷에 묻은 먼지가 너무 두껍다

흐를수록 더욱 깊어지는 물처럼
오늘밤 세상을 앓아본 사람들의 아픈 마음이
안 보이는 지층 속 광맥에 닿으면 금이 될 것이다
인간이 낸 길 위에서 언제나 서툴기만 한 짐승들은
두근거리는 마음을 고삐에 달아 시든 풀밭에 던져두고
곳곳에서 땅을 헛짚고 넘어지는 놀들만 無邊의 욕망을 끓이며 타오른다

너무도 어제의 얼굴을 한 저녁이
갓 돋은 별들을 데리고 마을 근처로 오는 때는
발이 연한 송아지들이 귀를 하늘 쪽으로 열어놓는다
이름을 부르기에는 너무 많은 별들
내 잠들 때 너희도 비슬산 뒤에 가 잠들어라

나무의 옷

상수리는 일흔 번 제 씨앗을 땅으로 보내고도
아직 청년으로 살아 있다
신발에 물소리가 감기는 把溪川에서는
물소리와 쓰르라미 소리가 구별되지 않는다
눈앞에 펼쳐진 樹海 속의 잎들은 모두 쾌청이어서
여기 오면 고뇌란 오직 인간의 몫임을 佛典 없이도
안다

반짝이는 잎새들의 민감한 흡입력으로
햇살은 남김없이 푸름 속으로 빨려들어
산 하나가 온통 초록의 대관식에 취해 있다
앞서간 바람은 뒤를 돌아보지 않고
앞서간 사람들만 마을의 안부가 궁금해 뒤를 돌아
본다

소나무 잣나무들은 둥치마다 태고를 닮은 껍질의
옷을 입고 있다
옷 한 벌이면 넉넉히 일생을 견디는 나무들 곁에서
사람들만 아침 저녁 옷 벗고 옷 갈아입는다
산에 든 자 삭발하고 베옷 입음은

絶緣을 뜻함이 아니라 뼈를 갈아 끼우지 못하는 육신을
 냉혹으로 다스리기 위함이다

 길 위에 발자국 남기지 않은 禪僧들은
 가랑잎을 밟고 경전의 침묵 속으로 사라지고
 길 끝에 달린 시장에는 푸른 오전부터
 상품과 선거 포스터로 들끓는다

 맨발로 서면 다람쥐 족제비들도 맘에 닿는 이 산속에서
 나는 왜 옷과 신발을 벗어 전나무 가지에 던질 수 없나

아이처럼 노래하라

한 바늘도 깁지 않은 곳 없는 누더기 시간이
걸어온 발목에 거미줄로 감겨
내 발은 더디다
지난 시간은 모두 어제가 되어 우리의 등뒤에 쌓이고
두께를 잴 수 없는 세월은 길어
아무도 그 미운 한때를 잘라내지 못한다

활짝 불붙어 타올라도 마음 이파리 보이지 않는 내 몸은
끈 떨어진 구두를 신고 낙타처럼 시간의 사막을 헤 맨다

어느 삶에도 비단길은 없어 더욱 엽록의 시간이 그리워지는 날
해 저물면 도착해야 할 집들이 마음의 둔덕을 무너뜨려
늘 슬픔인 듯 마음의 서편에 주둔하고 있는 세간을
오늘은 雜人과 蕩兒의 이름으로 노래한다

가혹한 노역에 붙들린 쉰 살을

천역이라 이름하기에는 고통이 너무 반짝거린다
누더기 시간에 단추를 달아주며 걸어온 세월이라면
그것이 비록 남루라 할지라도 차라리
옷고름에 별빛 달고 달리는 아이처럼 노래하라

감포 가는 길

산을 깎아낸 절벽길을 숨가쁘게 오르는 차는 흡사
나뭇가지를 타고 오르는 다람쥐 같다
열 길 절벽을 내려다보고 칡넝쿨을 걷어내며 달리
는 한 시간 후면
물치 나상어들이 찬 등허리를 부딪치는 소리가 水
泡의 정적을 깨는
감포 바다의 서른 겹 물굽이이다

感恩寺址에 남은 주춧돌은 아직 천년의 하늘빛을
머금었지만
이끼 낀 주춧돌은 이미 반쯤 흙이 되었다
문득 발 아래 밟히는 깨어진 기왓장이 역사를 떠올
리게 하지만
역사는 우리의 관념 속에 있을 뿐 그 머리카락 하
나 손으로 만질 수 없다

누가 물푸레나무 뒤에서 햇빛보다 더 밝게 웃어도
책장 속에 갇힌 역사는 우리의 소매 끝에 매달리지
않는다
줄포 개운포로 가는 밀물이 바위를 깎아 조약돌을

만드는 잠시가 쌓여
  시간은 인간의 헴으로 누천년이 지나갔다

  부들꽃 뒤에서 누르는 카메라에 시간은 자주 정지
된다
  꽃 하나를 꺾어 가슴에 꽂아보는 사람 곁에서
  가슴에 꽃을 달지 않아도 온통 제 몸이 꽃송이인
벚나무들은 즐거움을 떼어 사람들에게 나누어주고
  남은 향기를 모아 祇林寺 東庵으로 띄워보낸다

  하늘에는 심심해서 뱉아놓은 구름이 몇 장

비애는 썩지 않고 햇빛이 된다

내 안에 放牧했던 시간들아
천 갈래 길을 지나 마지막 당도할 길 하나 땅 위에 있으면
거기가 네 몸 둘 기항지라 하라

마흔 해를 산 자, 누가 매운 맘 큰 꿈 한번 꾸지 않았으랴
귓불 붉은 소년보다 귀밑머리 센 자
다만 아침해의 광휘보다 저녁빛의 따스함을 아는 것만도
세간의 주춧돌 위에 놓이는 슬기라 하라

겨울에도 모세관마다 흰 피 보내는 나무들
내 얇은 옷 벗어 덮어준들
그들 냉혹의 바람 막을 수 있을까
짧은 일생에 주소가 없는 미물들
겨울 오면 어디 가서 그들의 안부를 물어야 하나

몸뚱이 열 배의 고뇌를 지고 가는 자들아
어차피 고뇌란 벗어던질 짐이 아니거든

한밤중 이불 끌어 발목 덮어주는 아이처럼
다듬고 길들여 네 영혼의 보석으로 하라

내 디딘 땅 향기로워 아직 내일 뿌릴 볍씨 곳간에
건사할 때
우리 지닌 비애 썩지 않으면
내일 아침 초록의 대지 위에 눈부신 날개를 드리울
아직도 청년인 해의 얼굴이 되게 하라

나그네새

아름다운 나라를 찾아 길 떠나는 나그네새
너희의 이정표로 北氷洋은 몇 리인가
아무것도 기다리지 않는 듯이 그러나 뼈를 세워 기다리는
유자산맥은 오늘도 네 날다 빠뜨린 깃털 하나 땅에 심어
氷花로 꽃피우는 밤이 덮인다
죽을 때 한번 울기 위해 일생을 노래하지 않는다는 나그네새
울음마저도 아껴 지친 날개 위에 세월을 실어야 하는
저 먼 極地의 향기에 어둔 귀 트여오는 극제비갈매기여
언제 너는 그린랜드 멀리에서 수초를 물고
남으로 남으로 와 밀이삭 덜 익은 한반도에 내리는가
연어들 알 낳고 遠洋으로 떠난 봄날
너는 한 계절을 날아오며 어언 어미새가 되지만
네 쓰린 발 씻어주는 강물은 아직 풀리지 않아
창포도 씀바귀도 잎을 피우지 않았다

나리꽃 씨방에 단꿀이 오를 때까지 너는 보리 내음 풍기지 않는 하구에서 자고
　이 나라 어린 누이들 어깨에 나비 날개가 돋을 때
　그들의 어린 꿈 거두어 저 들끓는 바다로 데려가거라
　도요여, 물떼새여, 아카시아 향기에 취한 두견새 울음 그칠 때
　온대의 여름, 옥수수 잎에 비 내리면
　이화명충 한 마리에도 네 작은 배는 불러
　다시 날아 너는 내 못 넘어본 태백준령을 넘어라

地上에서 부르고 싶은 노래 1

 어떤 노래를 부르면 내 한번도 바라보지 못한 짐승들이 즐거워질까
 어떤 노래를 부르면 내 아직 만나지 못한 사람들도, 까치도 즐거워질까
 급히 달려와 내 등뒤에 連坐한 시간들과
 노동으로 부은 소의 발등을 위해
 이 세상 가장 청정한 언어를 빌어 살아 있는 모든 것들의 날〔日〕을 노래하고 싶다
 나이 먹기 전에 늙어버린 단풍잎들은 내 가슴팍을 한번 때리고
 곧 땅속으로 묻힌다
 죽기 전에 나무등치를 감고 타오르는 저녁놀은
 地上의 죽음이 저렇게 아름답다는 것을 가르치는 걸까
 살이 연한 능금과 배들은 태어나 첫번째 베어무는
 어린 아이의 갓 돋은 치아의 기쁨을 위해 제 살을 바치고
 群集으로 몰려오는 어둠은 제 깊은 속에다 아직 밤길에 서툰 새끼 짐승을 위해
 군데군데 별들을 박아놓았다

우리가 아무리 높이 올라도
　검은 새가 나는 하늘을 밟을 수는 없고
　우리가 아무리 정밀을 향해 손짓해도
　정적으로 날아간 흰 나비의 길을 걸을 수는 없다
　햇빛을 몰아내는 밤은 늘 기슭에서부터 몰려와
　대지의 중심을 덮고
　고갈되기 전에 바다에 닿아야 하는 물들은
　쉬지 않고 하류로 내려간다
　病들도 친숙해지면 우리의 외로움 덮어주는 이불이 된다
　산과 들판에 집 없이도 잠드는 목숨을 위해
　거칠고 무딘 것들을 달래는 것이 지혜의 첫걸음이다
　달콤하지 않아도 된다 내 부르는 노래가
　발 시린 짐승의 무릎을 덮는 짚이기만 하다면,
　향기롭지 않아도 된다 내 부르는 노래가
　이슬 한 방울에도 온몸이 젖는 풀벌레의 날개를 가릴 수 있는
　둥글고 넓은 나뭇잎이기만 하다면

地上에서 부르고 싶은 노래 2

언덕 너머에 집이 있고 길 건너에 물이 있다
배추밭을 가꾸는 사람들의 마음이 거칠어져서는 안 된다
인간의 말은 너무 난해해
소들은 풀들과 가장 가까운 곳에 귀를 대고 산다
안 보이는 곳에서 샘물이 솟고
벌레들은 해지기 전에 가시나무 울타리에 집을 짓는다
가본 길만 길이 아니다, 어둠 속으로 벋은
가보지 않은 길은 얼마나 깊고 싱싱한가
그곳에 흩어진 마음 조각들이
저들끼리 모여서 노래가 된다

地上에서 부르고 싶은 노래 3

 엄숙한 지붕의 수도원을 지나, 가끔 두근거리며 생각의 알맹이를 싸서 부치는 우체국을 지나, 수많은 포스터와 현수막이 나부끼는 거리를 지나, 쌓아놓은 연탄과 사과궤짝의 가게를 지나, 울타리 안에 나팔꽃이 피어오르는 담벽을 지나, 나는 간다. 빈 깡통과 팩에 든 싱싱한 과즙을 빨아먹고 버린 빨대를 밟고 햇볕 드는 창가로 고양이가 뛰어오르는 광경을 보며 거대한 연방이 무너져도 아직 기저귀를 빨고 밥솥에 불을 지피는 손이 거친 아낙들의, 낮은 처마의 집들을 지나, 나는 간다. 그 아낙들이 양초, 통조림, 밀가루, 성냥을 찾아 부엌으로 갈 때 부를 노래 하나만이라도 나는 이 地上의 전등불 아래 남겨야 한다. 내일 아침엔 물방울꽃이 발 아래 피어날 것이라고, 아침마다 햇살을 한 움큼 베어무는 낯이 흰 新生의 아이들을 위해 젊고 튼튼한 말을 골라 노래를 만들어야 한다

地上에서 부르고 싶은 노래 4

오늘 움돋는 잎처럼 피어나는 아이들은
봄을 거쳐 여름의 궁전으로 천천히 入城해갈 것이다
봄이 따뜻하고 여름이 뜨거워 산에 들에 피 토하듯
망울을 터뜨리는 꽃을 보아라
얼마나 뜨겁게 흙을 껴안으면 검은 흙에서 붉은 꽃이 돋을까
땅덩이 일만 군데서 샘물이 솟아 사람과 너구리가 먹고 남은 물 흘러
바다에 이른다
피라미들의 작은 헤엄에도 물살이 일어
작은 물살에도 바위가 깎이고
솔잎에 부는 바람이 피리 된다
정구지꽃을 어루고 오는 들판의 바람 한 자락이
일만 여인의 치마가 되고
해뜨기 전의 동쪽 하늘 한 자락이
십만 장정의 바지가 된다면
내 노래는 피륙이 되어 추운 사람들의 외투가 될 것이다
생성의 들판에서 종다리가 날아오르고
그루터기마다 알을 품은 철새들

우리 일하던 손으로 수천 葉脈의 거문고를 타면
마침내 地上은 거대한 교향악의 바다가 될 것이다
그때 지상의 마지막 한 사람은
우리가 하늘에 띄운 노래를 바다 밖에서 들을 것이다

地上에서 부르고 싶은 노래 5

  내 地上에서의 70년은 아름다웠다고
  어느 날 내 낡은 일기장은 쓰리
  푸른 시금치 잎을 먹고
  안개 걷힌 들길을 걸어간 일 황홀했다고
  아직 먼지가 되지 않은 참회록은 쓰리

  황폐한 길과 건물들 사이에서
  슬픔으로 반추하던 고뇌들이 날아가 水晶이 되었다고
  고통의 술잔에 입술을 대며 바라본 하늘은 푸르렀다고
  내 한 사람의 이름 앞으로 보낸 편지는 말하리

  부르기만 해도 입 안에 초록빛 물이 고이는 풀꽃의 이름과
  가끔 놀빛이 차양처럼 눈앞에 걸리던
  걸어온 만리길은 약속처럼 설레었다고
  내 흙 묻은 구두는 외치리

  그러나 지상의 노래들의 절반인 고통이여

기록 없는 마음의 病歷이여
네가 괴로움에서 즐거움까지 닿는 데는
또 몇 번의 가을이 바뀌어야 하나

새들은 펄럭이는 날개를 갖고 있다
―― 注南에서

흰 날개를 가진 새들이 숲으로 날아가는 모습은 아름답다
새들은 가시밭을 날아가면서도 날개가 찢기지 않는다

사람들이 땅 위에 집을 짓는 동안
분홍 부리를 가진 새들은 가지 위에
햇빛으로 몸 씻을 수 있는 둥지를 만든다
흔들리는 가지 위의 생의 완성이란 얼마나 아름다운가

새들은 펄럭이는 날개를 갖고 있다
몸뚱이보다 갈망이 큰 까닭이다
누가 하늘의 주인인 저 새에게 화살을 겨눌 것인가

잠 깬 도랑물이 실로폰 소리를 내는 아침까지는
새들은 갈대숲에서 은빛 잠을 자고
잎새들이 밤새 길어둔 이슬을 쪼아 단맛을 익힌다

새들은 펄럭이는 언어를 갖고 있다

갈망이 펄럭이는 까닭이다
누가 초록의 傳令인 저 새에게 총을 겨눌 것인가

길의 노래

내 마지막으로 들 집이 비웃나무 우거진 기슭산 아니면 또 어디이겠는가
 연지새 짝지어 하늘 날다가 깃털 하나 떨어뜨린 곳
 어욱새 속새 덮인 흙산 아니고 또 어디이겠는가

 마음은 늘 욕심 많은 몸을 꾸짖어도
 몸은 제 길들여온 욕심 한 가닥도 놓지 않고 붙든다
 도시 사람들 두릅나무 베어내고 그곳에 채색된 丹靑 올려서
 다람쥐 들쥐들 제 짧은 잠, 추운 꿈 꿀 穴居마저 줄어든다

 먼 곳으로 갈수록 햇빛도 더 멀리 따라와
 내 여린 어깨를 토닥이는 걸 보면
 내 어제 분필과 칠판 앞에서만 열렬했던 말들이
 가시되어 일어선다

 산골 처녀야, 눈 시린 十字繡 그만두고
 여치 메뚜기 날개 접은 들판의 콩밭 누렁잎 보아라

길 끝에 무지가 차라리 편안인 산들이 누워 있고
　산 끝에 예지도 거추장스러워 피라미들에게 맡겨버린
　물이 마음 풀고 흐르고 있다

　내 이 길 억새 속으로 걸어가면
　배춧잎 같은 정맥 돋은 손을 쉬고
　늘 내일로만 가는 신발을 벗어 한 사흘 나뭇가지에 걸어둘 수 있을까
　내 늑골 밑에서 보채던 달력과 일과표와
　눈 닿으면 풍금 소리를 내며 일어서던 글자들도
　등 두드려 한 열흘 잠 재울 수 있을까

　먼저 간 발자국들이 내 발길에 지워지고
　내 발자국 또한 뒤 이은 발길에 이내 지워지고 말
　한쪽 끝에는 大邱를 달고 다른 쪽에는 銀海寺 솔바람 소리를 달고 있는 길

앉은뱅이꽃

오늘 하루 백리를 걸어도 내 발자국에는
개나리가 피지 않는다
날개 단 새가 아니니 내 이 강을 날아갈 수 없다
강 하나 산 하나가 숙명인 사람은 거기서 셋방 들고 거기서 등 굽혀 수돗물 마신다
내 사십 년의 반은 앉은뱅이꽃 피는 밭둑에서 보내고
나머지 이십 년은 냉혹의 칠판과 말의 사막에서 보냈다
내가 버린 무수한 말들이 언젠가는 살이 되어 나에게 복수하러 올 것이다

귄터 그라스의 『달팽이의 외출』을 읽다가 보낸 오전은
내 머리카락이 메밀꽃보다 아름답던 때였다
눈물이 향기로운 때에는 흑연 냄새 맡으며 수취인 없는 편지도 썼다
철든 이후의 나의 신앙은 신이 아니라 거미줄 같은 일과표였다

시를 읽으면, 저녁때 갑자기 소란해지는 부엌처럼
가슴은 날개가 돋지만
사슬에 묶인 발목은 아파 이 아픈 발로
어느 날 문득 당도한 지상의 끝에서
나는 누구의 이름을 불러야 하나

우우우 몰리는 바람 끝에서도 아직 건강한 어깨를
받치고 선 산을 보면
산이 맞고 보낸 風尺의 세월을
우리 부서지기 쉬운 헴으로 어떻게 재나

內藏한 물감으로 때가 되면 옷 갈아입는 나무의 無
言을 지나
미농지 같은 세월의 무게를 손바닥으로 받으며
내 돌아가는 길 위의 앉은뱅이꽃이여, 오늘은
너 혼자 피어 있거라

미술대학

이곳에 시든 것은 없다
빈손으로 쫓아오는 햇살도, 내리다 멎은 이슬도
물 머금은 들깨잎도, 날아가는 명금조도
아무도 노래하지 않아도 내 귀는 노랫소리로 가득하고
어디에도 달리는 사람 없어도
펄펄 뛰는 짐승의 시간이 숨쉬고 있다
백년 묵은 건물들이 화사한 신부 화장을 하고
돌계단의 궁전으로 무수한 젊음들을 흡입하고 있다
바로크에서 미니멀까지 모든 양식들이 이곳에서
한번은 허물어지고 다시 창조된다
튀는 물방울 하나, 거미줄 같은 선 하나가 마침내
지붕을 날아오르는 거대한 벽화가 되기까지
목화송이 같은 흰 얼굴과 손들이
꿈과 狂氣를 짓이겨 밤의 계단 위에
번쩍이는 빛을 쌓아놓았다
누가 여기에다 산 자들의 가슴을 덮는 녹색 피륙을 짜놓았을까
누가 그 푸른 붓을 던져 하늘 가운데다 인류의 희원을 그려놓았을까

영원히 생성만 있고 소멸이 없는
가쁘고 싱싱한, 미술대학 가는 길

나는 두려워하지 않겠네

올 겨울은 팔려가지 못한 배추들이 더욱 추우리
땅에 닿지 못한 연기들이 뿔뿔이 하늘로 흩어지고
아직 만나지 못한 희망들이 시름의 신발을 신고 대문에 비칠대는
올 겨울은 몇 송이 패랭이의 꿈도 늦게 내린 눈에 무참히 짓밟히리

그러나 나는 두려워하지 않겠네
우리 팔다리의 정맥들이 더운피를 실어 나르고
수도 파이프가 골목과 거리를 얽고 있으니
쓰다 버린 빗도 하수구 옆에 떨어져 있고
길 끝에 우체국도 국민학교도 달려 있으니

나는 두려워하지 않겠네
철물상에는 못도 나사도 가득 있고
땀과 노동은 배어 있으나
연탄들은 아직 창고에서 더운 살을 지니고 있으니

정말 그래, 길 끝에는
서로 닮고 닮지 않은 집들이 햇볕 쪽으로 서 있고

전깃불은 기와 지붕과 슬레이트 지붕을 함께 비추고 있으니
올 겨울은 못 가본 암탉과 염소가 더욱 춥겠지만 나는 두려워하지 않겠네

감 옥

이제 나는
제 몸 태워 남의 온돌을 데우는
한 장의 연탄을 노래해야지
제 살점 떼어 남의 삶을 키워주는
한 개의 빵을 노래해야지
나무를 노래하고 도시를 받치고 있는
교량을 노래해야지
멎으면 그 안이 곧 대전이고 서울인 기차를,
이름없는 거리 끝의 상점을 노래해야지
까다롭지 않은 우체국을, 절차 없는
시청과 세무서를 노래해야지
이제 나는 보이진 않아도 우리 곁에 있는
상수도원을 노래해야지
그리고 꼭
들 사람 없어 벽돌로만 서 있는
텅 빈 감옥을
이제 우리 삶에서 사라질 때가 된
교도소를 노래해야지
감옥은 외롭다고, 외로워서 이젠 말상대나 할
청소부 한 사람만 필요하다고 속삭이는
상냥한 법원을 노래해야지

봄 날

내게 하늘의 길 가르친 이 없어
나는 지상의 길을 걸어간다
개나리꽃이 지기 전에 완성하리라던 봄은
짧은 편지 몇 통 끝내기도 전에 지나가버렸다
완성이 순금의 빛깔이라면 미완은 옥토의 빛깔이다

내 부르는 노래가 사람의 마음속에 닿지 않는다면 슬픔이지만
내 가슴의 모음들이 닭과 오리의 발등에 닿을 수만 있다면
즐거우리
길가의 떼찔레꽃이 봄을 가득 채운 뒤 시들어 떨어지듯이
완성은 완성 다음의 공허를 두려워한다
누가 슬기의 햇빛 모아 지혜의 첨탑을 쌓겠는가

걸어가면서 상한 것 병든 것의 이름도 불러주며
미완을 포개 하루를 엮으면
그때 쥐어보는 돌들과 나무들은 따뜻하리라

비누 가게

저 비누 가게에서 한 장의 비누를 살 때
나는 비누를 사지 않고 작은 웃음을 사왔네
드봉비누 오이비누 한 장 300원을 주고
내 철든 후 잃어버린 웃음 한 장 사왔네

하루종일 먼지를 털고 진열장에 물건을 옮겨놓고
연탄을 갈고 먼지 낀 유리창을 닦는
비누 가게 아저씨의 얼굴에서
내 세상을 안 후 놓쳐버린 조그만 미소를 사왔네

십원짜리 동전을 모아 천원짜리 지폐로 바꾸면서
숱한 사람들의 무표정한 얼굴 위에
기쁨의 인사를 건네면서
인사가 피어 장미 향기가 되는, 귀할 것도 아름다울 것도
없는 비누 가게 아저씨의 얼굴에서
내 꿈꾸며 듣던 인생의 은싸라기 미소를 사왔네

내 비누 가게에서 동전을 주고 기쁨을 사왔네
맨드라미 씨앗 자라듯 기쁨은 자라

어느덧 한 하늘 희망이 되는
먹지 않아도 배부른 행복을 사왔네

햇볕이 되었거나 노을이 되었거나

 들판에 흩어져 피는 꽃들에 하나하나 이름을 붙여놓은 사람들은 어언 제 이름도 꽃이 되었거나 꽃술에 취해 잠든 나비가 되었거나

 한 해 봄에서 가을까지 날아가도 제 그리움까지 닿지 못한 작은 새들에 이름을 붙여준 사람들은 제 이름도 어언 새가 되었거나 오리나무 가지에서 우는 새의 울음이 되었거나

 도라지꽃을 피워놓고 혼자 잠든 산과 산에 그 키와 봉우리에 알맞는 이름을 붙여놓은 사람들은 벌써 산이 되었거나 산을 씻으며 흘러가는 강물이 되었거나

 산 너머 또 산 너머 잠들어 있는 마을에 제가끔 이름을 붙여준 사람들은 벌써 제 이름도 햇볕이 되었거나 햇볕의 마지막 숨소리인 노을이 되었거나

산길 물길

물은 늙지 않았는데 내 머리카락만 세었다
많이 긁힌 자국이 삶이라고 가르치며
물은 자갈을 때리며 땅끝으로 흘러간다
산길은 혼자 오르기엔 너무 넓고
햇살은 공으로 받기에는 너무 뜨겁다
아직도 헌 옷을 입고 있는 학교와 집들이,
그 속에 세(貰)든 불만의 아이들이 발목을 끌어당겨
산길은 더디다
언제나 질그릇같이 깨어지기 쉬운 나날을 보듬고
벽돌 한 장 고이고 받치며 걸어온 길
종이를 찢어도 핏방울 듣는 날들을
이제는 고통의 선반에 올려놓고
환희의 메달처럼 바라볼 줄도 안다
습관으로 드는 숟가락이 싫지 않은 날들이
살아 있는 날이다
잊기 전에 할 일은 산과 들, 집과 거리에
이름 한 번씩 부르며 가는 일

땅 위의 날들

내일은 언제나 오늘의 아우
아름다운 내일이 이 세상 저문 들녘에 한줌 초록을 보탠다 해도
휘파람에 불려간 어제를 불러모아 길들일 수 없다
어제 걸어온 실타래의 길이 묘연한 연기의 한 오라기여서
내가 만나고 헤어진 시간들을 다 동여맬 수 없다

구르는 돌멩이들의 아픔이 채찍이 되는 시간은
차라리 나무 곁에 無言으로 설 수 있음이
지혜이리라

아무도 고삐 매어준 사람 없어도
삶은 한번도 이랑을 벗어난 일 없다
비록 앞사람 걸어간 길이 남루로 남았다 한들
내 걸어갈 길이 金箔이 되리라 어찌 말할 수 있겠는가

지금은 저문 들에서 슬픔을 읽지 않는다
황급한 바람에게 천천히 가라고 말할 수 있다면

내 벗어던진 마흔 켤레의 헌 신발이 나의 스승임을
이제사 조그맣게 깨닫는 일일 뿐

어깨를 치는 것이 아픔과 슬픔의 교직이라 해도
　멀리서 뛰어온 햇빛 하나가 언제나 내 생애 처음
만난 은총이라 생각하며
　발밑에 밟히는 풀 이름 흙 이름 부르며 간다

　오늘 끝에 남은 시간이 문득 비단이 되기를 바라지
는 않지만
　오늘 뒤에 숨은 어제, 오늘 앞에 서성이는 내일이
지상의 날들임을
　물소리 바람 소리 속에 無文字로 배운다

땅 위의 이름을 사랑하네

내 천사를 흠모하지만
천사를 사랑하지 않네
하늘과 땅, 어둠과 밝음 어디에도 닿을 수 있다는
내 천사를 경외하지만
地上의 이불 소리, 숟가락 소리를 모르는
천사를 손짓하지 않네

고통이 익어 달콤한 과육이 되는 길을
상처가 익어 보석이 되는 길을 모른다면
나는 천사의 길보다 옷소매에 묻은 세월의 때를 아는
인간의 길을 택하겠네
누가 하늘의 길 알려준다 해도
나는 地上의 한 곳에서 사과나무로 오르는
사닥다리를 놓겠네

짐승의 代가 바뀌고 내 곁에서 울던 새 보이지 않고
씨앗이 죽어 다른 꽃을 땅 위로 밀어올릴 때
바다를 건넜다 싶은데 실개천 하나밖에 못 건넌 세

월이라 해도
　나는 眉間의 우수, 센 머리카락
　고뇌의 주름살을 사랑하겠네

　천사한테 내 藥든 가슴, 내 아픈 체온 전할 수 없네
　걸어가서 닿은 곳, 땀의 영롱을 아는 이
　오직 지상에 있네
　두고 떠날 집, 두고 떠날 문패 지상에 있네

　나는 하늘에 있는 이름보다
　땅 위의 이름을 사랑하네

南 江

수천 리를 떠돌다가 이곳에 와 머무는 구름을 보면
大儒 南冥이 여기 와서 머문 이유를 알겠다
들새들 날고 숲들이 수런거려
도시락을 펴놓은 아낙들과 아이들의 일요일이
낯선 영화의 한 장면처럼 경이롭다

知人들도 理念을 풀어놓으면 반쯤은 宿醉의 일생이다
꽃은 더디게 피고 빗방울은 언제나 서둘러
풀꽃의 남은 생애를 지켜볼 수 없다
늘 돌아오고야 말 길이라도 누구나 떠날 때는
뒷모습이 아름다워야 한다

害와 惡의 교직이 삶이라지만 手人이 쌓아올린
건물과 교각들을 보면 숭엄함을 느낀다
私利와 익애에 빠진 사람들이라도
사람 없는 곳이라면 우리는 누구에게 안부를 물어야 하나

소리내며 달려와서 점점 깊어지는 강물의 침묵을

보면
 물 위에 마음 새기고 산으로 든 선인들의
 깊은 마음을 알겠다

病

나 몰래 새벽이 찾아오듯
나 몰래 가슴 밑으로 병이 찾아오면
나는 그를 오랜 친구처럼 반갑게 맞겠네

여보게 병이여, 오래 걸어 예까지 왔구나
발이 부르트고 다리가 아프겠구나
오래 걸었으니 이제 남루를 벗어놓고
내 한 겹뿐인 內衣 안에 편히 쉬게나

아직 갈 길은 멀었는가
또 얼마를 걸어야 자네 갈 길은 끝이 나는가
가는 길섶에는 패랭이꽃도 피고
더러 신발 위에 솔씨도 떨어지는가

쟁반 소리 수저 소리 싫지 않거든
한 보름 내 처마 아래 쉬고 가게나
온돌과 부엌 위에 나와 마주앉아
자네가 가진 희망 내 가진 비애 섞어
술이나 한잔 하세

병이여, 아름답게 늙을 수 있는 법을
아름답게 벋은 길 속으로 그림자마저 숨기고 걷는 법을
나에게 일러주고 떠나게
자네 오랜 노독으로 오늘 아침 햇살이 붉네
아직 하루는 길으니 서두르지 말고 내 안에 며칠 더 쉬다가 가게
병이여

愛知縣 지나며

사랑한다는 것이 말의 유희가 아니구나
한국어로 사랑의 시를 쓰던 한 사내가
무심한 정월 강물을 옆에 끼고 모르는 땅
愛知를 지난다

땅 이름 물 이름은 모르지만
풀 이름 나무 이름은 내 부르던 대로 부르면서
가끔 전깃줄 스치는 새의 이름은 내 발음대로 부르면서

사랑한다는 것이 참말 말의 유희가 아니구나
名古屋을 지나니 눈이 퍼붓기 시작했다
나는 아무래도 저 눈 속에는 내 입김 불어줄 수가 없구나
얼어붙은 내 땅을 두고
내 피 한 방울 저 눈 속에 뿌릴 수가 없구나

눈은 삼나무 가지에 그치지 않고 내려
눈송이 부딪칠 때마다 땅들은 즐거운 비명을 지르지만

자주 들이닥치는 터널들의 분바른 가슴에도
나는 끝내 즐거워질 수가 없구나

돌아가면 문풍지의 바람 소리 하나라도
귓속에 담아야지
초가 추녀 끝에 떨어지는 겨울 햇살 하나라도
눈에 담아야지

냉이 뿌리 밑에 얼음 녹기 전에
내 사랑한다고 열 번 썼던 편지 머리에
사람 이름 대신 나라 이름을 바꾸어 써야지

구르는 돌멩이 하나라도 내 땅의 것과 비교되는
부질없는 마음속의 추위를 벗어놓을 수 없는
暖冬의 땅에서
사랑한다는 것이 참말 말의 유희가 아니구나

同志社의 저녁빛

육십 년 전 한 시인이 소년의 얼굴을 하고 지나던 길을
똑같은 저녁빛 아래 오늘 내가 걷는다
비옷나무 잎새마저 南方風으로 흔들리는 同志社의 저녁빛 아래
나는 분병히 키 작은 한 시인이 걸어간
발자국을 보았다
산호빛 머리카락을 날리며
교문을 뒤덮은 자전거의 행렬을 빠져
옷깃에 매달리는 19세기를 떨치고
쓰러질 듯 20세기로 걸어가는 식민지 시인을 보았다
沃川의 한 점 꽃에서 눈물을 보았던 그가
바다를 건너면서 舶來의 모더니즘을 보았던 걸까
그가 읽던 책, 그가 쓰던 책상에서
그의 그리움은 볼 수 있지만
그의 눈시울에 젖던 슬픔, 그의 옷깃에 매달리던 우수는
보이지 않는다
육십 년 전 그가 걷던 길 위를
바람은 한 자국도 섰지 마라 등뒤를 불고

카나를 모르는 내 입술은 그가 남긴 이슬의 시구만
왼다
어쩌면 낯익은 듯한 동지사의 저녁빛 아래

재를 넘으며

부르튼 발을 쉬며 재를 넘으면
아직도 넘어야 할 재가 남아 있어 삶이 있다는 생각이 든다
추운 돌 위에 앉아 부를 이름 있어 마음 아직 따뜻하고
시냇물 흰 깁처럼 흘러 들판의 핏줄임을
새삼 깨닫는다
平村, 朴谷, 牛耕里 이름이 그 마을 사람들의 마음인데
부질없는 택리지는 찾아 또 무얼 할 것인가
물푸레 잎새 크게 흔들리는 걸 보니
곧 별이 뜨겠다
초롱꽃 입다물기 전에 등불 다는 사람들은
瑞山, 白山, 長壽山에 살아 또 무슨 이름이 있어야 하는가
입 속에는 시들지 않는 미나리 쑥갓 우엉물이 들어
숨겨둔 마음이 모두 푸른 잎사귀들이다
근심 없는 삶이 어디 있을까마는
근심을 길들이는 날이 지혜의 날들이다
가꾸지 않아도 들판 가득 꽃피는 이유를
부르튼 발을 쉬며 재를 넘으면 알겠다

봄 산

　여울물에 봉숭아 꽃잎만 띄워놓고 너구리 다람쥐들은
　얼마나 깊은 산속으로 가버렸는지
　아무도 마중하지 않는 봄이 저기 문밖에서
　다리 절며 오고 있다
　쑥잎 돋는 것도 보지 못하고 사람들은 긁힌 가슴을 손바닥으로 다림질하고
　흘러가도 바다에 닿지 못하는 물살들은 돌에 부딪힐 때마다
　제 분신의 물방울로 다시 태어난다
　집과 신발을 남겨두고 산으로 간 사람들은 영영 돌아오지 않고
　문패는 삭아 흙이 되고 호적부에 줄 긋는 소리
　산에까지 들린다
　나무 찍는 소리 들릴 때마다 가문비나무 끝가지에 소름이 돋고
　산 하나를 찢고야 말 뻐꾹새 울음이 산으로 간 사람의
　마음을 주워모아 하늘로 띄운다
　봄은 산 것들의 무덤이고 죽은 것들의 집이다

마흔 살의 동화

먹고 사는 일 걱정되지 않으면
나는 부는 바람 따라 길 떠나겠네
가다가 찔레꽃 향기라도 스며오면
들판이든지 진흙 땅이든지
그 자리에 서까래 없는 띠집을 짓겠네
거기에서 어쩌다 아지랑이 같은 여자 만나면
그 여자와 푸성귀 같은 사랑 나누겠네
푸성귀 같은 사랑 익어서
보름이고 한 달이고 같이 잠들면
나는 햇볕 아래 풀씨 같은 아이 하나 얻겠네

먹고 사는 일 걱정되지 않으면
나는 내 가진 부질없는 이름, 부질없는 조바심,
흔들리는 의자, 아파트 문과 복도마다 사용되는
다섯 개의 열쇠를 버리겠네
발은 수채물에 담겨도 머리는 하늘을 향해
노래하겠네
슬픔이며 외로움이며를 말하지 않는
놀 아래 울음 남기고 죽은 노루는 아름답네
숫노루 만나면 등성이서라도 새끼 배고

젖은 아랫도리 말리지 않고도
푸른 잎 속에 스스로 뼈를 묻는
산노루 되어 나는 살겠네

우리는 꿈꾸는 자

찢어진 신문지 한 장 바람에 날리는 것을 보고도
나는 내 생애의 반쪽이 뒤척이는 것을 보았네
우리는 모두 꿈꾸는 자
꿈꾸면서 눈물과 쌀을 섞어 밥을 짓는 사람들이네
오늘 저녁은 서쪽 창틀에 녹이 한 겹 더 슬고
아직 재가 되지 않은 희망들은
서까래 밑에서 여린 움을 키울 것이네
붉은 신호등이 켜질 때마다 자동차들은 멎고
사람들은 하나씩 태어나고 죽네
우리는 늘 가슴 밑바닥에 불을 담은 사람들
꺼지지 않은 불이 어디 있을까마는
불 있는 동안만 우리는 살아 있는 것이네
발뒤꿈치에 못이 박여도
달려가는 것만이 우리의 숨이고 희망이네
우리는 꿈꾸는 자
눈물과 쌀을 섞어 밥을 짓는 사람들이네

세상 속으로

나는 오랫동안 풀꽃의 생애를 노래해왔다
그러나 이제는 人事에 대해서 노래하련다
이제 내 몸이 바라는 곳, 눕고 싶은 곳은
산이 아니라 물이 아니라
病이 있고 근심이 있고 자주 흰 걸레를 더럽혀야 하는
마룻바닥이 있는 집
여름에는 퇴근길에 수박을 사고
월말에는 세금을 내러 은행에 가는 마을

이제 나는 이념에 물들지 않은 나무보다 이념을 구겨 호주머니에 넣을 줄 아는 사람이 좋다
仙界의 산정보다 아직 청소차가 오지 않은 골목들이 좋다
燈을 켜고 다가오는 별을 보면
진흙의 옷을 입은 사람들이 정겨워진다
제도가 있고 공장이 있고 못 만날 약속이 있는
집 옆에 집, 아, 사람이 살고 있다

〈해 설〉

천복의 길
—— 신화적 상상력의 시적 변용

반　　경　　환

I

　비교신화학의 세계적인 거성(巨星) 조셉 캠벨은 유명한 저널리스트인 빌 모이어스와의 대담에서, 시애틀 추장의 일화 한 토막을 소개한 바가 있다. 1852년을 전후해서 미합중국의 정부가 나날이 늘어나는 미국 국민들을 이주시키기 위해서, 그 부족의 땅을 팔 것을 요청했을 때, 시애틀 추장은 명문의 회답을 보냈다고 한다. 과연 시애틀 추장의 회답은 명문이라고 해도 지나친 말이 아니었다.

　워싱턴에 있는 대통령은 우리에게 편지를 보내어, 우리 땅을 사고 싶다는 뜻을 전합니다. 하지만 하늘을 어떻게 사고 팝니까? 우리에게 땅을 사겠다는 생각은 이상하기 짝이 없어 보입니다. 맑은 대기와 찬란한 물빛이 우리 것이 아닌 터에 그걸 어떻게 사겠다는 것인지요?
(조셉 캠벨, 빌 모이어스, 『신화의 힘』, 고려원, 1992)

지면 관계상 더 이상 길게 인용할 수는 없지만, 우리는 이상과 같은 진술 속에서도 시애틀 추장의 인간적인 품성을 넉넉하게 유추해볼 수가 있는 것이다. 시애틀 추장에게는 소유의 관념도 없어 보이고, 그 부족이 공유하고 있던 재산에 대한 관념도 없어 보인다. 다만, 하늘과 땅, 맑은 대기와 찬란한 물빛 속에서, 그 부족들이 더없이 은혜로운 삶을 살고 있었으리라고만 짐작된다. 하지만 그 평화롭고 축복된 땅에 문명인/원시인의 대립이 생기고, 소유와 무소유의 갈등이 생겨나게 된다. 오늘날 시애틀은 문명화된 도시다. 근대적인 함대와 근대적인 무장으로 원주민들의 문화를 짓밟고 그들을 산간벽지로 몰아낸 마당에, 그것마저도 다시 팔아버리라는 요구는 우리 문명인들이 얼마나 야만인들인가를 거꾸로 증명해주고도 남음이 있다. 총과 칼을 앞세운 폭력보다는 합법적으로 재무장한 눈에 보이지 않는 폭력이 더 무서워 보이기도 한다.

시애틀 추장은 자연인-원시인이다. 비교신화학자 조셉 캠벨은 그를 "구석기 시대 도덕률의 마지막 대변자"라고 말하고 있지만, 그의 사유 체계는 세계와의 대립과 갈등을 모르던 사유 체계라고 생각된다. 그는 자연과의 관계를 나와 당신의 관계로 파악하지, 나와 그것의 관계로 파악하지 않는다. 나와 당신의 관계는 자연을 숭배하는 관계이지, 자연을 정복의 대상으로만 파악하는 관계가 아니다. 자연은 인간보다 더 크다. 자연은 인간에게 의식주를 제공해주며, 그 넓은 옷자락에 우리 인간들을 품어 기른다. 하지만 성서 종교, 혹은 현대 문명인들은 자연과 인간의 관계를 나와 당신의 관계로 파악하지 않고, 나와 그것의 관계로 파악했음이 분명해진다. 막스 베버의 『프로테스탄트의 윤리와 자본주의 정신』이라는 글 자체도, 성서 종교가 자본주의의 정신적 지주라는 것을 노골적으로 보여준 글에 지나지 않는다. 자본주의는 두말할 것도 없이 성서 종교의 물질적 토대라고 할 수가 있는 것이다.

현대 문명 사회의 인간들은 원시림을 베어다가 집을 짓고, 천 길 땅속을 파헤쳐 호화로운 사치품인 귀금속을 만들어내었다. 또 게다가 경계가 없는 시간과 공간을 분할하고, 그것을 자본주의적인 재화를 창출하는 척도로 삼았다. 자연은 완벽하게 정복되었고, 자연의 성스러운 영적 계시마저도 파괴하였다. 자연의 영적 계시가 들려오지 않는 사회는 모든 초월성이 종식을 고한 사회다. 자연의 파괴가 생태계의 파괴로 이어지고, 신성스러운 영적 계시의 파괴가 인간성의 파괴로 이어지고 있다. 포스트모더니즘으로 회자되는 현대 문화 사조는 극단적인 종말론에 지나지 않는다. 극단적인 종말론이 난무하는 사회는 신성한 입문 의례가 없고, 불경스러운 입문 의례만이 있는 사회다. 성의 해방이 성의 상품화로 이어지고, 인간 해방이 인간성의 상실로 이어진다.

현대 사회는 머릿속을 텅 비게 하는 대중 문화, 혹

은 에이즈 문화가 무슨 돌림병처럼 번성하고 있는 사회라고 할 수가 있는 것이다.

II

독일의 철학자 노발리스는 "철학이란 본래 고향을 향한 향수이자, 어디서나 자기 집에 머물고자 하는 충동"이라고 말한 적이 있다. 루카치는 그의 『소설의 이론』에서, "서사시가 그 자체로 완결된 총체성을 형상화한다면, 소설은 형상화하면서 숨겨진 삶의 총체성을 찾아내어 이를 구성하고자 한다"고 말한 바가 있다. 철학이란 말을 시, 혹은 예술이란 말로 대체하고, 고향이란 말을 자연이란 말로 대체한다고 해도 그리 틀린 말은 아닐 것이다. 또한 서사시/소설의 대립을 서사시/서정시의 대립으로 변형시킨다고 해도 마찬가지일 것이다.

이기철의 시집, 『지상(地上)에서 부르고 싶은 노래』를 살펴보면, 그의 자연에 대한 향수가 압도적으로 눈에 띄게 드러난다. "산은 지혜 없이도 꽃을 피우고 물은 마음 없어도/고기를 키운다"는 「경산 십년」이 그렇고, "어제는 천산에서 자고 오늘은 흑해를 향해 떠난다"라는 「천산(天山)」이라는 시가 그렇다. 「나무들의 양식」이라는 시를 살펴보아도,

> 지혜 앞에서 우리는 늘 서투르고
> 해 종일 지는 잎새의 수를 헤아리기 어려운 때
> 숟가락의 무게에도 팔이 아픈 한끼 식사가

오늘은 형벌이 된다
우리가 겨울 나무에게 배울 것은 무욕과 小食이다

가난이 부끄럼은 아니라 해도
햇빛이 양식인 나무들은 넉넉하겠다

라는, 자연에 대한 향수가 압도적으로 나타나고 있음을 알 수가 있을 것이다.

자연은 우리 인간보다 더 크다. 자연은 우리 인간들에게 의식주를 제공해주며, 그 넓은 옷자락에 우리 인간들을 품어 기른다. 이기철 시인은 자연과 인간의 관계를 나와 당신의 관계로 파악하지, 나와 그것의 관계로 파악하지는 않는다. 그러나 그는 문화인이라는 실존적·역사적 범주에 갇혀 있으며, 바로 그렇기 때문에 "숟가락의 무게에도 팔이 아픈" "오늘의 형벌"을 감수하지 않으면 안 되는 것이다. 제임스 조이스는 그의 세계적인 걸작품 『율리시즈』에서 "유대인의 단식이란 춘계의 내장 대청소격이지. 평화와 전쟁은 누군가의 소화에 달려 있"다고 말하고 있는데, 같은 맥락에서, 그 역시도 동시대의 "오늘의 형벌"을 뼈아프게 자각한 예술화라고 생각된다.

"무욕과 소식(小食)"은 자연을 숭배하는 음식 문화의 소산이다. 무욕과 소식은 가난을 부끄러움으로 파악하는 문화인들의 그것이 아니라, 자연을 자연 그대로 파악하는 원시인들의 그것이라고 할 수가 있는 것이다. 따라서 이기철의 시세계는 서사적 총체성을 드러내고 있는 세계가 아니라 그 서사적 총체성을 찾아 헤매고 있는 서정시의 세계를 드러내고 있다고 보아야 한다. 현대 사회에서의 본질적인 체험은 범죄와 광기의 체험이라고 할 수가 있다. 평화는 무욕과 소식에 달려 있고, 전쟁은 탐욕과 대식(大食)에 달려 있다고 해도 과언이 아니다. 하지만 평화의 세계는 멀고, 전쟁의 세계는 가깝다. 가족적 이기주의와 집단 이기주의, 그리고 지적 소유권의 다툼과 민족적인 이기주의들이 다종 다양하게 눈물겨운 이전투구를 벌이고 있는 것이다.

서사시의 시대는 시와 신화가 지배하고 있는 세계라면, 오늘의 산문의 시대는 서정시와 비극이 지배하고 있는 세계라고 할 수가 있다. 서정시란 내가 헤어나려고 몸부림치는 악몽의 세계이며, 선험적 고향 상실의 객관화인 것이다. 그렇지만 이기철 시인은 범죄와 광기의 체험을 분열증의 언어로 그로테스크하게 드러내놓고 있지는 않는다. 그것은 시인의 천성적인 품성과 절제 있는 견인주의의 소산일 수도 있지만, 현대 사회의 심층심리학을 도외시한 정신주의의 소산일 수도 있다.

하지만 그의 고통이 뜨겁게 타오르고 있는 것도 사실이다. 가령,

> 내 정신의 열대, 먹라를 건너가면
> 거기 슬플 것 다 슬퍼해본 사람들이
> 고통을 씻어 햇볕에 널어두고
> 쌀 씻어 밥짓는 마을 있으리

> 더러 초록을 입에 넣으며 초록만큼 푸르러지는
> 사람들 살고 있으리

라는, 「정신의 열대」라는 시가 그렇고,

> 이제 다 왔다, 그곳에 너의 닳은 신발을 묻어라
> 떠도는 빗방울에도 생애의 반쪽이 젖어
> 이 추위 다 가릴 수 있는 이불이 없다
>
> 노동과 치욕을 비벼 먹은 밥들이
> 살이 되는 나날을 뒤로하고
> 내가 걸어야 하는 뭍은 어디인가

라는, 「불행도 더러 이웃이 되어」라는 시가 그렇다.

훌륭한 시인의 언어는 그것이 분열증의 언어이든, 해맑은 투명성의 언어이든간에, 매우 함축적인 은유의 언어라고 할 수가 있다. "내 정신의 열대, 멱라를 건너가면/거기 슬플 것 다 슬퍼해본 사람들이/고통을 씻어 햇볕에 널어두고/쌀 씻어 밥짓는 마을 있으리"라는 시구는 분열증의 언어가 아니라 투명성의 언어로 되어 있다고 생각된다. 마찬가지로 「불행도 더러 이웃이 되어」라는 시 역시도, 그 분열증의 언어의 목전에서 그 투명성을 드러내고 있는 시라고 생각된다. 앞뒤의 출구도 없고, "노동과 치욕〔만〕을 비벼 먹"는 인간은 제정신을 가지고, 바람직한 삶을 살고 있는 인간이 아니다. 따라서 그 비인간적인 인간에 대한 성찰이 「불행도 더러 이웃이 되어」라는 시를 낳고 있고, 그 고통이 끝간데서 「정신의 열대」라는 매우 아름다운 시를 낳지 않았나 여겨진다.

그렇지만 「정신의 열대」도 투명성의 언어로 되어 있고, 「불행도 더러 이웃이 되어」라는 시 역시도 투명성의 언어로 되어 있다. 그러니까 그 투명성의 언어는 정신분열증의 언어가 겹쳐져 있는 언어이며, 매우 암시적이고 함축적이라는 의미에서 은유적인 언어라고 할 수가 있는 것이다. 이기철의 좋은 시들은 시인의 천성을 사실 그대로 드러내주고 있고, 그것이 곧 그의 절제 있는 견인주의로 나타나고 있다고 해도 과언이 아니다. 「정신의 열대」에서 시인의 고통은 어떠한 도피처도 갖고 있지 않다. 또한 「불행은 더러 이웃이 되어」라는 시에서의 시인의 불행도 어떠한 도피처를 갖고 있지 않다. 절제 있는 견인주의자는 자기 자신의 고통이나 불행을 과장하거나 미화시키지 않는다. 절제 있는 견인주의자는 자기 자신의 고통을 객관화시키고, 타인들의 고통을 주관화시킨다. 자기 자신의 고통을 객관화시키면 그것을 과장하거나 미화시키지 않게 되고, 타인들의 고통을 주관화시키면 그들의 고통과 더불어 살아갈 수가 있게 된다. "거기 슬플 것 다 슬퍼해본 사람들이/고통을 씻어 햇볕에 널어두고/쌀 씻어 밥짓는 마을 있으리"라는 시구가 그것이고, "불행도 더러 이웃이 되어"라는 시구가 그것이다. 이것이 이기철 시인의 투명성의 언어의 비밀이고, 절제 있는 견인주의의 비밀이다.

이기철의 시세계의 밀도는 고통의 밀도이며, 불행의

밀도이다. 그러나 그 밀도는 "초록을 입에 넣으며 초록만큼 푸르러지는" 투명성의 밀도이다. 그 투명성의 언어는 정신분열증의 언어와 겹쳐져 있고, 또한 그 분열증의 언어를 정화시키고도 있다고 보여진다. 고통의 밀도는 그 고통과 더불어 사는 것을 뜻한다. 불행의 밀도도 마찬가지이다. 시인은 이 세계의 악몽과 싸우면서, 잃어버린 고향—자연을 찾아나선다. 시사적인 문맥에서는 서사적인 삶의 총체성을 완성시키려는 위대한 노력이라고도 할 수가 있을 것이다. 「시인」이라는 시가 바로 그 단적인 예라고 할 수가 있을 것이다.

>내 마음의 遷都는 끝났다
>膏肓에 든 병 더욱 깊어가도
>빛이 끌고 오는 아침은 즐거움의 찻숟갈을 잦게 한다
>오래 걸어온 걸식의 마흔 살이
>투덜대는 내 발의 욕망을 덮어주지는 못하지만
>마흔이 넘어서도 버리지 못한 시를 쓰는 삶이
>이제는 부끄럽지 않다, 오히려 떳떳하다
>
>시인이라 불릴 때마다 아직 열여섯 소년처럼 낯붉히지만
>내 마음의 천도는 끝났다
>시가 영광인 시대가 아니라도
>번쩍이는 金의 광휘가 시의 가난을 대신할 수 없다

「시인」이라는 시는 니체의 "정신의 세 가지 변용" 과정을 상기시켜주기도 한다. 즉, "정신이 낙타가 되

고, 낙타가 사자가 되고, 사자가 마침내 〔어린〕 아이가 되는 과정"(니체, 『차라투스트라는 이렇게 말했다』, 청하, 1984)이 바로 그것이다. 시인은 시쓰기(혹은 고향 찾기)의 마음의 흔들림을 정리하고("내 마음의 遷都는 끝났다"가 그것이다), "오래 걸어온 걸식의" 유랑길에 정착하고 있는 것처럼 보인다. 무거운 짐을 진 낙타가 사막 속의 끊임없는 미로를 묵묵히 헤쳐나가듯이, "고황에 든 병"으로 시를 쓰고, 그 시작 과정의 치열성을 "번쩍이는 금(金)의 광휘가 아닌 시의 가난"으로 대신하고 있다. 이러한 시적 치열성이 맹수 중의 맹수인 사자의 치열성으로 대체되기도 하고, 뿐만 아니라, 순진무구한 어린 아이의 즐거움으로 변용되기도 한다. 그는 "마흔이 넘어서도 버리지 못"하는 시쓰기의 삶을 "시인이라 불릴 때마다 아직 열여섯 소년처럼 낯붉히"는 시인의 삶이라고 말한다.

출구가 없는 고통과 불행 속의 삶이 곧 천복의 삶으로 승화되는 순간이기도 한 것이다. 이제는 떠남이 곧 돌아옴이 되고, 그 돌아옴이 다시 떠남의 과정이 되고도 있는 것처럼 보인다. "고황에 든 병"의 삶이 그렇고, 언제나 정착을 모르는 유랑길의 삶이 바로 그렇다. 정신분석학자 융이 말한 것처럼, 모든 상징 중에서 이러한 원환적인 상징이 가장 성숙한 상징이기도 한 것이다.

잃어버린 고향―자연은 도처에 있기도 하고, 도처에 없기도 하다. 어쨌든 시쓰기의 삶은 사회적인 명예와 부와 권력을 쫓는 것이 아니라, 자기 자신의 천복의 길을 쫓아가는 길이라고 생각된다.

> 누가 다 떼어갔는지 산의 이불인 초록이 없다
> 慈藏이면 이곳에 지팡이를 꽂고
> 대웅전 주춧돌을 놓았으리라
> 그러나 범연한 눈으로는
> 햇볕 아래 서까래를 걸 데가 없다
>
> 경전의 글자가 흐려서 책장을 덮는 밤에는
> 스스로 예지를 밝히는 저녁별이 스승이다
> 겨울을 예감한 나뭇잎들이 나보다 먼저
> 뿌리 쪽으로 떨어져내린다
> 나는 돌을 차며 비로소 산의 無言을
> 채찍으로 배운다 ──「산에서 배우다」에서

 우리는 시인의 길─천복의 길이 가시밭길의 형극인 길임을 매우 잘 알고 있다. "누가 다 떼어갔는지" "초록이 없"는 산, 우리는 그 대자연─고향 속에서 "스스로 예지를 밝히는 저녁별"이 되지 않으면 안 된다.

Ⅲ

 이기철의 시집, 『지상에서 부르고 싶은 노래』를 지배하고 있는 상상력은 설화적, 혹은 신화적 상상력이라고 보여진다. 왜냐하면 그의 시세계는 신화가 시의 영감을 불러일으켜주고 있고, 시의 영감이 살아 있는 신화 속에 용해되어 있다고 보여지고 있기 때문이다. 만일 성서 종교가 세계를 산문으로 바꾸고, 인간과 자연의 관계를 나와 그것의 관계로 파악하고 있다면, 신화는 세계를 시로 바꾸고, 인간과 자연의 관계를 나와 당신의 관계로 파악하고 있다고도 할 수가 있을 것이다. "신화라고 하는 것은 이 세상의 꿈이지, 다른 사람들의 꿈이 아닙니다. 신화는 원형적인 꿈입니다. 〔……〕 나는 이 원형적인 세계의 문턱에 이를 때마다 거기에 이르렀다는 것을 압니다. 신화가 나에게 절망의 위기, 혹은 기쁨의 순간, 실패 혹은 성공의 순간에 내가 어떻게 반응해야 할 것인가를 가르쳐줍니다"(『신화의 힘』)라는 조셉 캠벨의 말대로, 신화는 우리들의 원형적인 꿈인지도 모른다.

이기철의 『지상에서 부르고 싶은 노래』의 세계가 삶이 시 같고, 시가 삶 같은 까닭은 바로 이러한 신화적 상상력에 기초해 있기 때문이라고 보여진다. "누가 나에게 신의, 모습을 그리라 한다면/나는 산짐승들의 유순한 눈에 비친/저녁놀을 그리겠다"는 「이화령쯤에서」의 시도 그렇지만, 「멱라의 길」의 연작시들이 바로 그렇다고 보여진다.

걸어가면 지상의 어디에 멱라가 흐르고 있을 것인데
나는 갈 수 없네, 산 첩첩 물 중중
사람이 수자리 보고 짐승의 눈빛 번개쳐
갈 수 없네
구강 장강 물 굽이치나 아직 언덕 무너뜨리지 않고
낙타를 탄 상인들은 욕망만큼 수심도 깊어
이 물가에 사금파리 같은 꿈을 묻었다

어디서 離騷 한 가닥 바람에 불려오면
내 지상에서 얻은 病 모두 쓿어 저 강물에 띄우겠네

발목이 시도록 걸어가는 나날은
차라리 삶의 보석을 갈무리한다고
상강으로 드는 물들이 뒤를 돌아보며 주절대지만
문득 신발에 묻은 흙을 보며 멱라의 길이 꿈 밖에 있음을 깨닫고
혼자 피었다 지는 꽃 한 송이에 눈 닿는 것도
이승의 인연이라 생각한다   ──「멱라의 길 1」에서

'멱라의 길'은 삼천 년 전 초(楚)나라의 시인, 굴원(屈原)이 걸어간 길이다. 굴원은 초나라의 희왕·경양왕을 섬겨 벼슬을 했지만, 뜻하지 않은 모략에 빠져 오랜 방랑 생활을 하다가 멱라수(汨羅水)에 빠져 죽었다고 한다.『초사(楚辭)』에 수록된「이소(離騷)」「천문(天文)」「9장(九章)」등이 남아 있으며, 그의 작품은 고대 문학 중 보기 드물게 서정성을 획득하고 있다고 평가받기도 한다. 그러나「멱라의 길 1」은 굴원의 삶의 패러디이면서도 동시에 그의 삶의 시적 변용이라고도 할 수가 있는 것이다. "멱라는 삼천 년 전 초(楚)에 있지 않고/돌팔매도 닿지 않는 내 마음의 허공에"(「멱라의 길 2」) 남아 있다는 시구나 "혼자 피었다 지는 꽃 한 송이에 눈 닿는 것도/이승의 인연이라 생각한다"라는 시구들이 바로 그것이라고 할 수가 있다.

굴원의 생애는 카리스마적인 호소력이 있는데, 왜냐

하면 그는 그 자신의 유한성을 무한성으로 밀고 나갔기 때문이다. 훌륭한 시를 남긴 것도 남긴 것이지만, 왜냐하면 그는 죽음의 공포를 시인의 희열로 대체할 수가 있었기 때문이다. 시인의 길—천복의 길은 매우 고상하고 매력적인 길이기도 하지만, 다른 한편 그 길은 두려움과 공포의 길이기도 한 것이다. 따라서 굴원은 신화적·설화적·서사적인 어떤 인물이 되며, 그의 생애는 세속적인 영역을 뛰어넘어, 신성의 영역으로 수직 상승 작용을 했다고도 보여진다. 카리스마적인 인물은 세속적인 어떤 인물이 아니다. 그는 "낙타를 탄 상인들의 욕망"을 뛰어넘어, 신화 속의 인물이 된 어떤 인간이다. 르네 지라르의 말을 빌면, 이기철 시인에게 있어서 굴원은 상호 경쟁의 대상이 되는 내적인 전범이 아니라 끊임없이 숭배의 대상이 되고 있는 외적인 전범의 대상이 되고 있는 것이다.

굴원은 좁은 의미의 설화적 인물이 아니라, 넓은 의미에서 신화적 인물이다. 굴원은 그가 살다 간 역사적 실존적 범주를 초월해서 필멸의 한계를 영생불사의 무한성으로 초극해나간 어떤 인물이다. 따라서 그는 시인의 절망의 위기에 반응하고, 기쁨, 혹은 슬픔의 순간에도 그 카리스마적인 호소력으로 반응한다. "마음의 멱라여, 나는 아직 얼마나 더 아파야/영원의 끝을 만질 수 있나"(「멱라의 길 2」)라는 시구가 그것이고, "혼자 피었다 지는 꽃 한 송이에 눈 닿는 것도/이승의 인연이라 생각한다"라는 시구가 그것이다. 멱라의 세계는 굴원이 시인이 되고, 시인이 굴원이 되는 자기 동일성의 확인의 자리가 아닌가도 생각된다. 역사적 과거 속의 인물이 복수현현(複數顯現)으로서 살아 있는 신화적 인물로 부활하고 있는 위대한 순간이기도 한 것이다.

시에 있어서 신화적 상상력이 주조를 이루게 되면, 과거 속에 묻혀져 있던 옛날의 이야기가 살아 있는 현재 속에 편입되기도 하고, 거꾸로, 살아 있는 오늘의 이야기가 과거 속으로 흘러 들어가기도 한다. 따라서 신화적 상상력이 고조되면, 시인의 고통과 슬픔이 객관화되고, 굴원이나 그 밖의 타인들의 아픔을 내면화, 혹은 주관화시키게 된다. "마음의 멱라여, 나는 아직 얼마나 더 아파야/영원의 끝을 만질 수 있나"가 전자에 맞닿아 있다면, "내 정신의 열대, 멱라를 건너가면/거기 슬플 것 다 슬퍼해본 사람들이/고통을 씻어 햇볕에 널어두고/쌀 씻어 밥짓는 마을 있으리"라는 시구는 후자에 맞닿아 있다고도 할 수가 있는 것이다. 풀어서 말하자면, 자기 자신의 아픔만을 과장하거나 미화시키지 않은 채 무한히 인내하며 다스릴 수가 있게 되고, 타인의 아픔에 적극적으로 동참하게 된다가 될 것이다. 불교에서 말하는 '자비'의 의미도 이런 맥락에서 이해되어야 할 것이다.

신화적 상상력 속에서 죽음과 부활의 모티프는 보편적인 것이기도 하다.

얼마를 더 살면 여름을 떼어다가 가을에 붙여도
아프지 않은 흰구름 같은 무심을 배우랴

내 잠시 눈빛 주면 웃는 꽃들과
　잠 깨어 이마 빛내는 돌들 곁에서
　지금 햇빛이 댕기보다 곱던 꽃들을 데리고 어둠 속으로 돌아가는 시간
　絶緣의 아름다움을 나는 여기서 본다
　　　　　　　　　　　——「地上의 길」에서

　하늘에 뜨면 한낱 부호일 뿐인 몇 마리 떼까치들이
　삭정이 같은 날개를 펴고 들 가운데로 날아간다
　구름에 비기면 너무 작아 잘 보이지도 않는 떼까치들
　그 울음이 갈대 속에 파묻혀 들판의 피리 된다

　元曉와 一然도 이 들판 지나며 나와 같은 생각으로
　차운 돌 위에 앉았을까
　내 잠시 후면 떠나고 없을
　죽은 잠자리 날개와 굴뚝새가 주인인
　금호강 하류, 마음의 멱라　——「내 안의 멱라」에서

　죽음의 이미지는 무겁고 차가운 반면, 부활의 이미지는 가볍고 따뜻하다. 죽음의 이미지는 어둡고 쓸쓸한 반면, 부활의 이미지는 밝고 깨끗해 보인다.「내 안의 멱라」에서 "차운 돌"과 "죽은 잠자리의 날개와 굴뚝새가 주인인/금호강 하류"의 이미지들이 전자에 맞닿아 있다면, "지금〔의〕 햇빛" 속의 "꽃"(「地上의 길」), "떼까치" "굴뚝새" "원효(元曉)와 일연(一然)" 등이 후자에 맞닿아 있다고 할 수도 있을 것이다. 그러나 굴원이 멱라에 빠져 죽지 않고 승천한 것이듯이, 죽음과

부활의 이미지는 분리 가능한 어떤 것이 아니다. 상승과 하강도 마찬가지이고, 떠남과 돌아옴, 돌아옴과 다시 떠남의 원환적인 이미지도 마찬가지이다. 그것은 "잠 깨어 이마 빛내는 돌들"과 "차운 돌 위에 앉았을까"의 선명한 대비―변주 속에 나타나 있고, 하늘을 날아다니는 새와 지상에 내려앉을 수밖에 없는 새들의 이중적인 대비 속에 매우 잘 나타나 있다고 보여진다.

삶이 시 같아지고, 시가 삶 같아지는 것이다. 그리스인들이 자신들의 고유한 상상력으로 지혜의 무한한 보고인 신화를 창조해내었듯이, 이처럼 신화적인 상상력은 자연과 사물의 신비를 노래하고, 우주적인 차원에서 삶의 지혜를 노래하게 된다. 그런가 하면 신화적 상상력은 천둥과 번개의 신인 제우스가 신 중의 신이듯이 공동체 사회에서의 삶의 법칙과 질서를 노래하게 되고, 포도 재배의 신이자 축제의 신인 디오니소스가 모든 그리스인들에게 가장 인기가 있었듯이, 신화적 상상력은 후대에 전승되어갈 어떤 축제의 삶을 노래하게 되기도 한다. 신화적 상상력은 모든 미추를 모르고, 모든 성과 속을 모른다. 또한 신화적 상상력은 가브리엘 마르케스의 『백년 동안의 고독』에서처럼, 모든 금기 체계를 깨뜨리고, 그 금기 밖을 자유롭게 넘나들게 된다. 가브리엘 마르케스의 『백년 동안의 고독』은 유종호가 "마술적 리얼리즘"의 극치라고 불렀듯이, 한국 문학을 더없이 왜소하게 만들고 위축시키는 산문으로 씌어진 가장 위대한 시며 신화라고 할 수밖에 없다.

장르의 경계를 엄격하게 구분하는 것은 편협한 제3세계의 지식인들의 문화적 함정에 지나지 않는다.

> 두 사람(아마란타 우르술라〔이모〕와 아우렐리아노〔조카〕: 인용자)은 옷을 벗는 수고조차 덜기 위하여, 또다시 모든 문과 창을 닫고, 일찍이 미녀 레메디오스가 간절히 바라고 있었던 대로의 맨몸으로 집안을 돌아다니고, 안뜰의 진흙에서 나체로 뒹굴었다. 어느 날 오후에는 목욕탕 속에서 애무하다가 자칫하면 익사할 뻔하기도 했다. 그들은 순식간에 불개미들보다도 더 집을 파괴해버렸다. 응접실의 가구들이 부서지고, 아우렐리아노 부엔디아 대령의 쓸쓸한 정사에도 끄떡없던 그물 침대도 그들의 광적인 애무로 너덜너덜하게 되었다. 그들은 요를 갈기갈기 찢고, 솜을 마룻바닥에 마구 뿌려, 부풀어오른 솜으로 하여 숨이 막힐 뻔하기도 했다. 〔……〕 어느 날 밤 그들은 온몸에 복숭아 잼을 바르고서 개처럼 서로 핥으며 기어다니다가 미친 듯이 애무한 것까지는 좋았지만, 그들을 산 채로 뜯어먹으려고 날아든 한 떼의 식인 나비의 습격을 받고서야 정신을 차렸다. (가브리엘 마르케스, 『백년 동안의 고독』, 육문사, 1991에서)

아마란타 우르술라와 아우렐리아노의 사랑에는 어떠한 미추도 있을 수가 없고, 어떠한 성과 속의 경계도 있을 수가 없다. 이모와 조카 사이의 동물적이고도 변태적인 정사는 근친상간이라는 금기 체계 밖을 자유롭게 넘나들고 있다고도 보여진다. 아니, 어쩌면 그

근친상간의 결과가 돼지 꼬리가 달린 아이의 탄생으로 귀결된다는 것은, 우리들의 낮의 체제, 즉 의식의 허위성을 날카롭게 풍자한 무의식의 시적 변용이라고도 할 수가 있을 것이다.

진정한 시의 힘은 타협 없는 극단적인 부정 정신으로 되어 있다. 나는 그것을 '빛나는 개성주의'의 길로 명명한 바가 있지만, 사랑은 문화적인 문맥 속에 갇혀 있지 않고, 그 금기 체계를 신화적 상상력으로 넘나든다. 신화는 이 세상의 꿈인 것이지, 다른 사람들의 꿈, 다른 세상의 꿈이 아닌 것이다. 단테의 『신곡(神曲)』, 「연옥」편에 나오는 프란체스카(형수)와 파올로(시동생)의 이야기가 그렇고, 돼지 꼬리가 달린 아이를 낳은 아마란타 우르술라와 아우렐리아노의 이야기가 그렇다. 만일, 사랑이 인생에 새로운 의미를 부여하고, 사랑의 순간이 가장 고귀한 순간이라면, 삶과 죽음, 혹은 죽음과 부활의 과정도 끊임없이 새로워지는 사랑의 과정으로 충만해지지 않으면 안 된다.

이기철의 시세계에 있어서도 사랑의 과정은,

> 생성의 들판에서 종다리가 날아오르고
> 그루터기마다 알을 품은 철새들
> 우리가 일하던 손으로 수천 葉脈의 거문고를 타면
> 마침내 지상은 거대한 교향악의 바다가 될 것이다
> 그때 지상의 마지막 한 사람은
> 우리가 하늘에 띄운 노래를 밖에서 들을 것이다
> ——「地上에서 부르고 싶은 노래 4」

의 "생성의 들판에서〔의〕 종다리"로, 혹은

> 길 위에 발자국 남기지 않은 禪僧들은
> 가랑잎을 밟고 경전의 침묵 속으로 사라지고
> 길 끝에 달린 시장에는 푸른 오전부터
> 상품과 선거 포스터로 들끓는다
>
> 맨발로 서면 다람쥐 족제비들도 맘에 닿는 이 산속에서
> 나는 왜 옷과 신발을 전나무 가지에 던질 수 없나
> ——「나무의 옷」에서

에서처럼, "선승(禪僧)들"의 물리적 초연함으로 변용되어 있기도 한 것이다.

하지만 이기철 시인의 사랑은 아모르(amor)적인 것도 아니고, 에로스적인 것도 아니다. 그의 시적 투명성은 개인적인 아모르를 거절하고, 생리적·육체적인 에로스도 거절한다. 따라서 그의 마음속을 사로잡고 있는 것은 끊임없이 타자에 대한 이타성으로 퍼져나가고 있는 아가페적인 사랑뿐이라고 보여진다. 아가페적인 사랑은 사회적인 것이고, 그 끝간데가,

> 내 정신의 열대, 먹라를 건너가면
> 거기 슬플 것 다 슬퍼해본 사람들이
> 고통을 씻어 햇볕에 널어두고
> 쌀을 씻어 밥짓는 마을 있으리
> 더러 초록을 입에 넣으며 초록만큼 푸르러지는
> 사람들 살고 있으리

그들이 봄 강물처럼 싱싱하게 묻는 안부 내 들을 수
있으리

의, 「정신의 열대」라고 할 수가 있는 것이다.
　「정신의 열대」는 그가 찾아가는 잃어버린 고향이자, 그가 다시 찾아낸 실재적인 고향이라고 할 수가 있다. 자연은 우리 인간들의 삶보다 더욱 크다. 자연은 우리 인간들에게 의식주를 제공해주며, 그 넓은 옷자락에 우리 인간들을 품어 기른다. 성서 종교인들은 자연을 나와 그것의 관계로 바라다보지만, 신화적 상상력의 소유자들은 자연을 숭배의 대상으로 파악하고, 또한 위대한 신들의 보금자리로 파악하기도 한다.
　시인은 필멸의 존재이면서도, 영생불사의 인간인 것이다. 마치, 굴원이 멱라에 빠져 죽지 않고, 그대의 가슴속으로 내재화되어 있는 것처럼, 혹은 예수의 부활이 육체적인 부활이 아니라 그대의 마음속에 내재화되어 있는 영적인 부활인 것처럼. 따라서 사랑이 깊으면 괴로움도 깊어지는 것인지도 모른다. 또한 사랑이라는 것이 아름답기 때문에 슬픈 것인지도 모른다.
　이기철의 시집, 『지상에서 부르고 싶은 노래』는 그러한 신화적 맥락 속에서 은밀하게 숨을 쉬고 있는 것처럼 보인다.

IV

　마지막으로 사족이 되겠지만, 이기철 시인의 투명성의 언어들은 그 투명성의 한계를 벗어나지 못하고 있는 것처럼 보여지기도 한다. 때때로 그 투명성의 언어들이 정신분열증의 언어들과 겹쳐져 있지 않고, 그 자체의 자족적인 세계에서만 안주하고 있는 것처럼 보여지기도 한다. 이것은 그의 사랑이 아모르적인 것도 모르고, 에로스적인 것도 모르고 있다는 점에서, 시인의 시적 성취의 한계로 지적될 수도 있는 말이라고 생각된다. "누가 나에게 신의 모습을 그리라 한다면/나는 산짐승들의 유순한 눈에 비친/저녁놀을 그리겠다"는 「이화령쯤에서」의 시가 바로 그러한 대표적인 예라고 보여진다. 신은 인자한 것만이 아니라 무섭기도 한 것이다. 천당과 지옥을 만들고, 그 세계를 지배하고 있는 신은 더없이 무서운 존재이기도 한 것이다.

굴원이나 원효, 그 밖의 일연이나 부처의 길은 현대 심층심리학 속에 녹아 있어야 하는 것이지, 정신주의라는 초월의 자리에 놓여 있어서는 안 되는 것이다. 정신주의적인 사랑은 금기 체계 밖에서 또 다른 금기 체계를 만들고, 그럼으로써 자기 자신들의 도피처를 은닉시킨다. 그 금기 체계를 깨뜨리는 것이 자아의 악마성과 세계의 악마성을 사회역사적인 상상력 속에서 구체화시키는 것이라고 생각된다. 불후의 고전들인 『아라비안 나이트』나 『일리어드』 『오디세우스』가 사회역사적 상상력 속에서 언제나 살아 있는 것이 그 대표적인 예일 것이다. 신화적 상상력이라는 것은 열린 상상력으로 자유로워져야 하는 것이지, 형식적 상상력으로 굳어 있어서는 안 되는 것이다.

이기철의 시세계는 신화적 상상력의 시적 변용이라

는 점에서, 어느 정도 시적 성과를 거두고 있는 것도 사실이지만, 시인의 주관적 의도와 객관적 성취 사이의 거리가 있어 보이는 것도 사실이라고 할 수가 있다. 이것이 의도주의의 오류이고, 시인이 의도하지 않았던 오류라고 생각된다. 시인의 길—천복을 쫓는 길은 시작도 끝도 없는 길이다. 그 길에서의 오류는 정정할 수 있는 오류이어야 하지, 비난의 대상이 되어서는 안 된다.

이 글을 끝내려는 시점에서, "사람이 일등차에 타고 문학 작품이 화차에 실려 간다면, 이 세상도 이제 끝이야"라는 가브리엘 마르케스의 말이 떠오르기도 한다. 나는 천복을 쫓고 있는 시인들에게, 부디 백년 동안의 고독 속으로 침잠해 들어가기를 바랄 뿐이다.